Copyright © 2018 Christopher Odenkirchen

Alle Rechte vorbehalten.

ISBN: 978 171 812 932 0

Inhaltsverzeichnis

1. **Einleitung** 4
   1.1 Inhaltliche Einordnung 4
   1.2 Zielsetzung 7
2. **Grundlagen** 8
   Grundlagen der Digitalisierung 8
   2.1.1 Wesen und Merkmale der Digitalisierung 9
   2.1.2 Anwendungsformen der Digitalisierung 12
   2.1.3 Bedeutung der Digitalisierung 14
   Grundlagen von Geschäftsmodellen 18
   2.2.1 Wesen und Merkmale von Geschäftsmodellen 19
   2.2.2 Ansätze zu Geschäftsmodellen 21
   2.2.3 Bedeutung von Geschäftsmodellen 24
   Grundlagen der Erfolgsfaktorenforschung 25
   2.3.1 Wesen und Merkmale von Erfolgsfaktoren 26
   2.3.2 Methoden der Erfolgsfaktorenforschung 27
   2.3.3 Bedeutung von Erfolgsfaktoren 32
3. **Forschungsstand Geschäftsmodelle** 33
4. **Komponenten der Geschäftsmodellanalyse** 34
   4.1 Geschäftsmodellebenen 35
   4.2 Geschäftsmodellkomponenten 38
   4.2.1 Prozessmodell 39

4.2.2 Teilnehmermodell — 40

4.2.3 Transaktionsmodell — 41

4.2.4 Erlösmodell — 42

5. Analyse digitaler Geschäftsmodelle — 43

5.1 Content-Geschäftsmodelle — 44

5.2 Commerce-Geschäftsmodelle — 45

5.3 Context-Geschäftsmodelle — 45

5.4 Connection-Geschäftsmodelle — 46

5.5 Praxisbeispiel Uber Technoligies Inc. — 47

6. Schlusswort — 54

Abbildungsverzeichnis — 60

Literaturverzeichnis — 61

1. Einleitung

1.1 Inhaltliche Einordnung

Nach dem Platzen der spekulativen Internetblase im Jahre 2000, haben sich in den letzten Jahren eine Reihe von erfolgreichen Unternehmen fast unbemerkt durchgesetzt. Innovative Informations- und Kommunikationstechnologien haben den Aufschwung der Internetökonomie vorangetrieben und zu einer weltweit massiven Akquisitionswelle in der Internetbranche geführt. Schaut man sich in diesem Zusammenhang die Checklisten der großen Venture-Capital-Gesellschaften an, so könnte man vermuten, dass es sichere Merkmale zur Bewertung gibt, ob eine Idee erfolgversprechend ist oder nicht. Doch zeigt die Erfahrung, dass dies nicht der Fall ist und man bis heute im Dunklen tappt, was die Prognose des tatsächlichen Erfolges einer unternehmerischen Idee betrifft *(vgl. Hofmann / Meier 2008: 5)*.

Im Zeitalter der Digitalisierung wird zunehmend deutlich, dass es nicht alleine auf ein in sich logisches Geschäftsmodell ankommt, sondern vor allem auf die Entwicklungsfähigkeit des Geschäftsmodells *(vgl. Hofmann / Meier 2008: 5)*. Als Beispiel hierfür betrachten wir die im Jahre 1888 gegründete Eastman Kodak Company. Obwohl Kodak 1975 sogar die erste Digitalkamera entwickelt hatte, verzichtete man auf die Markteinführung – aus Angst, das dominante Geschäftsmodell, nämlich die analoge Fotografie, zu gefährden. In Zeiten der analogen Fotografie wurde der Großteil des Umsatzes mit den notwendigen Verbrauchsmaterialien – Filme und deren

Entwicklung – verdient. Die Herstellung der eigentlichen Kameras spielte im Geschäftsmodell von Kodak nur eine zweckdienliche Rolle. Selbst als eine erste große Welle neu entwickelter Digitalkameras auf den Markt kam, prognostizierte man, das Jahre später die digitale Fotografie einen Marktanteil von nur fünf Prozent haben werde. Doch dies sollte sich als eine existenzielle Fehleinschätzung herausstellen: 2009 entfielen nur noch fünf Prozent des Markts auf die analoge Fotografie und der Rest auf die digitale Fotografie. Im Jahr 2012 musste das Traditionsunternehmen nach 132-jähriger Firmengeschichte Insolvenz anmelden, da die Entwicklung hin zur Digitalfotografie komplett verschlafen wurde. Verschwunden waren die Kodak-Filme, die immer vorne an der Kasse auslagen – ausgetauscht durch SD-Karten für digitale Kameras. Und selbst diese verschwinden inzwischen wieder aus den Regalen, da nunmehr fast jeder mit seinem Smartphone fotografiert. Besser stellte sich der Oldenburger Fotodienstleister Cewe auf, indem das Unternehmen sein einst zu 100 Prozent analoges Geschäft erfolgreich digitalisieren konnte. Heute entfällt der Großteil des Umsatzes des europäischen Marktführers auf Digitalprodukte wie beispielsweise Fotobücher, Wandbilder oder Kalender, die der Kunde im Internet individuell entwerfen kann. Anders als Kodak ist Cewe die digitale Transformation gelungen *(vgl. Kapilendo 2016)*.

Kodak steht in einer Reihe boomender Unternehmen, die in einer Art Status quo-Koma verharrten und neue Trends ihrer Branche verschliefen. Es scheint ein wiederkehrendes Ereignis, dass erfolgreiche Unternehmen in ihrem Erfolg auch gefangen sind. Die jeweiligen Entscheidungsträger sind also gut beraten, ihr Geschäftsmodell regelmäßig auf den Prüfstand zu stellen, um es zum Beispiel an Kundenwünsche oder durch die Digitalisierung veränderte technologische Bedingungen anzupassen.

Konzerne, Entrepreneure und Manager, die solche mit der Digitalisierung einhergehende Veränderungen verstehen und für sich nutzen, sind die Gewinner der digitalen Revolution. Und diejenigen, die bereits heute zu den Gewinnern zählen, hielten sich bei genauer Betrachtung zunächst an die Regeln der neuen Märkte, um sie dann mehr und mehr selber zu bestimmen - so wie es beispielhaft Amazon, Google und Apple durch die Anwendung neuartiger Unternehmensprinzipien und Strategien der digitalen Ökonomie gelungen ist, eigene Ökosysteme zu erschaffen und so zu den wertvollsten Unternehmen der Welt aufzusteigen *(vgl. Hoffmeister 2013: 1).*

Die Fähigkeit, (digitale) Geschäftsmodelle analysieren, einschätzen und insbesondere anwenden zu können, wird mit fortschreitender Digitalisierung weiter an Bedeutung gewinnen. Denn wer die Gesetze der digitalen Ökonomie kennt und diese auf sein bereits existierendes oder direkt auf ein neues Geschäftsmodell anwendet, kann von den Umwälzungen profitieren *(vgl. Hoffmeister 2013: 1).* Dazu bietet sich ein Blick auf die großen Erfolgsgeschichten der digitalen Ökonomie an, der in einer Analyse die Möglichkeit bietet, Erfolgsfaktoren und -konzepte herauszuarbeiten, die für Unternehmer zur Inspiration für eigene Geschäftsmodelle dienen können. Was aber ist überhaupt ein Geschäftsmodell und welche Veränderungen bringt die Digitalisierung?

1.2 Zielsetzung

"Die Auseinandersetzung mit Geschäftsmodellen ist für Unternehmen essenziell, beschreiben sie doch die Logik, mit der ein Unternehmen sich selbst finanziell aufrechterhält."
(Hoffmeister 2013: Vorwort)

Das vorliegende Handbuch soll einen umfassenden Rahmen für analytische Methoden liefern, die dem Leser helfen sollen, Geschäftsmodelle als Ganzes verstehen und analysieren zu können und die unterschiedlichen Aspekte von der Wertschöpfung eines Unternehmens bis zur Erlösgenerierung zu verstehen. Basierend auf dem theoretisch ausgearbeiteten Hintergrund zu Digitalisierung, Geschäftsmodellen und ihren beinhalteten Komponenten sowie Erfolgsfaktoren, folgt die praktische Anwendung der Geschäftsmodellanalyse anhand eines prominenten Beispiels. Von dieser Analyse können Unternehmer bei der Überprüfung ihrer eigenen Geschäftsmodelle profitieren.

2.1 Grundlagen der Digitalisierung

Angefangen hatte alles vor rund 200 Jahren mit der industriellen Revolution. Die damals erfundene Dampfmaschine, verdrängte nach und nach Handwerker und Manufakturen. Die daraus entstandene Eisenbahn ermöglichte dem Menschen eine bis dahin nie geahnte Mobilität. Zirka hundert Jahre später legten Elektrizität und Fließbänder die Grundsteine für die industrielle Massenfertigung. Das bekannteste Beispiel hierfür ist die Autoproduktion bei Ford. In den 1970er Jahren wurde der Computer entwickelt, das Internet folgte. Das Ergebnis dieser sich immer weiter entwickelnden Veränderungen in der Lebenswelt des modernen Menschen sind eine Reihe erfolgreicher Geschäftsmodelle, die sich international seit dem Platzen der spekulativen Internetblase im Jahre 2000, von der Öffentlichkeit fast unbemerkt durch setzten.

Für den Begriff der Digitalisierung gibt es mehrere Bedeutungen. Einerseits kann darunter die Überführung analoger Daten in digitale verstanden werden, anderseits auch die Automation von Prozessen und Geschäftsmodellen durch das Vernetzen von digitaler Technik, Informationen und Menschen. Für den weiteren Verlauf wird unter dem Begriff "Digitalisierung" der Einsatz von Informations- und Kommunikationstechnologien verstanden, die mit dem Internet verbunden sind.

Ohne die fortschreitende Verbreitung von Computern, auch als "Computerisierung" bezeichnet, die Ausbreitung des Internets und die rapide Entwicklung der Leistungsfähigkeit von mobilen Endgeräten, wäre die digitale Transformation nicht so schnell vorangeschritten. Dies wird deutlich, wenn man die heute zur Verfügung stehenden Geräte hinsichtlich ihrer Rechenkapazität und intelligenten Funktionalitäten (GPS, Fingerabdrucksensoren, Lagerungssensoren, etc.) mit den Geräten von vor fünf Jahren vergleicht. Diese rapide technische und digitale Entwicklung eröffnet eine Vielzahl an neuen, unternehmerischen Möglichkeiten.

2.1.1 Wesen und Merkmale der Digitalisierung

Laut dem D21-Digital-Index verfügen drei von vier Bundesbürgern über einen Internetzugang. Betrachtet man die Gruppe der 18- bis 24-Jährigen, so erreicht dieser Wert sogar 99 Prozent *(vgl. Statista 2016a)*. Und innerhalb von nur wenigen Jahren stieg die Zahl der Smartphone-Nutzer in Deutschland auf über 57 Millionen (Bitkom 2018). Das bleibt nicht ohne Folgen: Die digitalen Technologien verändern nachhaltig unsere Art zu arbeiten und zu leben. Außerdem führt die Digitalisierung zu immer kürzeren Marktdurchdringungszeiten der Technologien und ist ein wichtiger Treiber für den Wandel *(vgl. Esser 2014)*. Während in der Zeit vor der Digitalisierung Technologien und Geräte sich nur langsam in der Gesellschaft etablierten und auch erst spät von neuen Meilensteinen abgelöst wurden, dreht sich das Rad der Erfindungen und Entwicklungen seitdem schneller und schneller *(siehe Abb. 1)*.

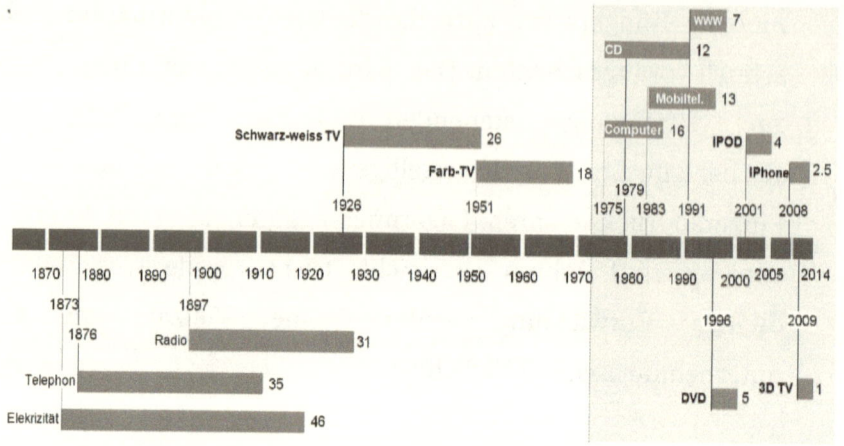

Abbildung 1: Marktdurchdringungszeiten neuer Technologien.
Quelle: Esser (2014).

Dadurch erleichtert die Digitalisierung unter anderem auch den Markteintritt für Start-ups und verschärft einerseits den globalen Wettbewerb und erhöht andererseits die Innovationsgeschwindigkeit. Etablierte Großkonzerne erschließen sich neue Märkte zunehmend indem sie innovative Kleinunternehmen kaufen. So hat die Digitalisierung erheblichen Einfluss auf die heutige Geschäftswelt.

Gleichzeitig ändern sich durch die Digitalisierung auch die Kundenbedürfnisse. PwC-Experte Michael Rasch äußert sich zu diesem Thema wie folgt: "Der moderne Verbraucher ist immer mobil, vernetzt und hat jederzeit vollständige Transparenz. Er legt mehr Wert auf Service und Qualität. Das Eigentum an einem Produkt wird zur Nebensache" *(vgl. Rasch, Michael 2015)*. Dies sorgt dafür, dass sich die Wertschöpfungsketten verändern: Die Produkte und Dienstleistungen eines Unternehmens werden nach und nach durch mobile Services und das Internet ergänzt, manche Unternehmen verlagern ihr Geschäft ausschließlich darauf. Die Grenzen zwischen realem und virtuellem Leben verschwinden zusehends. Gefördert wird dies durch die Bereitschaft der Nutzer, ihr gesellschaftliches Leben online zu teilen. Dadurch etablieren sich völlig neue Geschäftsmodelle, von denen Facebook und Twitter die bekanntesten aber bei weitem nicht einzigen sind, welche vollkommen auf den digitalen Technologien basieren.

Neben den Kundenbedürfnissen beeinflusst die Digitalisierung auch nahezu alle Bereiche innerhalb eines Unternehmens. Besonders weitreichende Veränderungen können im Bereich des Kundenservice und des Vertriebs beobachtet werden. Es kommen digitale Marketing und Vertriebsprozesse ins Spiel, bei denen potenzielle Kunden mit gezielten Inbound- und Outbound-Maßnahmen für die eigenen Leistungsangebote interessiert werden. Es entstehen völlig neue Werkzeuge und Methoden der Kundeninteraktion. Was früher noch ein hohes Budget erforderte lässt sich im digitalen Zeitalter mit Hilfe neuer Technologien und Social Media deutlich schneller, kostengünstiger und genauer erreichen *(vgl. Kitzman 2015)*.

Bei Industrieunternehmen ändern sich dank der Digitalisierung auch Produktionsabläufe: Fertigungsanlagen steuern sich beispielsweise selbst, durch Werkstücke und Bauteile, die über die Produktionsbänder laufend eigenständig mitteilen, wohin sie transportiert und wie sie weiterverarbeitet werden sollen. Die für solche Abläufe benötigten Technologien existieren bereits und sind weitgehend ausgereift. Die Herausforderung besteht aktuell darin, diese Technologien so intelligent zu verknüpfen, dass daraus ein Wettbewerbsvorteil entsteht *(vgl. Pauls 2015)*. In den betroffenen Unternehmen sind die jeweiligen Fachabteilungen dadurch zum Um- und Neudenken gezwungen. Dies erfordert intern eine gute Kommunikation und Zusammenarbeit. Vor dem Hintergrund, dass die Geschäftsprozesse grundlegenden Veränderungen unterliegen, nimmt die IT-Organisation innerhalb des Unternehmens in Zukunft eine beratende Funktion ein.

2.1.2 Anwendungsformen der Digitalisierung

Moderne Informations- und Kommunikationstechnologien erfassen und beeinflussen bereits heute die Wertschöpfungsketten der Unternehmen. Diese mit der Digitalisierung einhergehenden Veränderungen sind dabei selbst für Unternehmen aus Branchen, die zunächst nicht in direkter Verbindung mit der Digitalisierung gebracht werden, von zunehmender Bedeutung. So kann beispielsweise ein Gastwirt, der seine Beschaffung internetbasiert durchführt, nicht nur Zeit einsparen, sondern Aufgrund von leicht zugänglichen Vergleichsmöglichkeiten von Preisen und Qualität der Vorprodukte, seine Einkaufspreise optimieren. Zusätzlich erhält er durch eine ansprechende und informative Homepage, die dank Suchmaschinenoptimierung leicht gefunden wird, unter Umständen neue Gäste, die direkt online einen Tisch reservieren können. Je nach Wunsch, erfolgt der Zahlvorgang via Smartphone. Im Anschluss nutzt der Gast ein Bewertungsportal um Lob oder Kritik auszusprechen. Auf diese Weise erfährt der Gastwirt, wo mögliche Verbesserungspotenziale seines

Unternehmens liegen, und andere Gäste, welche Gaststätten zu empfehlen sind.

Relevante Trends möglichst frühzeitig für das eigene Unternehmen zu erkennen und nutzbar zu machen, kann in der modernen Geschäftswelt als nicht wichtig genug Eingestuft werden *(vgl. Schröder et al. 2015)*. Denn immer öfter revolutionieren junge Unternehmen wie WhatsApp, Tesla, Uber oder AirBnB mit einer einzigen cleveren Idee eine ganze Branche. Sie brechen die Wertschöpfungsketten auf und lehren etablierten Unternehmen das Fürchten. Alte Branchen und Unternehmen werden durch Newcomer verdrängt.

Die Entwicklung der Musik- und Filmverleihindustrie bietet hierfür ein besonders gutes Beispiel: Ehemalige Größen wie Warner Musik sind nur noch Schatten ihrer selbst, die Sony Musik Group ein Sanierungsfall. Nach der Insolvenz verschwand Blockbuster Video komplett vom Markt. Dabei geben die Konsumenten weiterhin mindestens genau so viel Geld für Filme und Musik aus wie noch vor Jahren, allerdings mit dem Unterschied, dass die wesentlichen Einnahmen heute bei Apples iTunes, Spotify oder Amazon landen *(vgl. Esser 2014)*.

Doch so ergeht es nicht nur der Musik- und Filmbranche. Mit steigendem Tempo erfasst die Digitalisierung mehr und mehr Wirtschaftsbereiche. Amazon brauchte keine zehn Jahre, um den klassischen Buchhandel fast zu verdrängen und sich zum mächtigsten Konkurrenten des klassischen Einzelhandels zu entwickeln. In der gleichen Zeit konnte Google wesentliche Teile des Werbemarktes für sich gewinnen. Als nächstes schielt die Google Mutter Alphabet auf die Märkte für Versicherungsleistungen und Haushaltsgeräte *(vgl. Esser 2014)*.

Die voranschreitende Digitalisierung verursacht jedoch nicht nur Risiken durch neue aggressive Marktteilnehmer, sondern schafft auch viele Möglichkeiten für bestehende als auch neue Unternehmen. Dazu zählen etwa die Kostenreduktion und Effizienzsteigerung im Betrieb. Des Weiteren lassen sich Umsatzsteigerungen durch vollkommen neue, digitale Produkte und Services in komplett neuen Märkten erzielen. Um hiervon zu profitieren sollten sich Unternehmen überlegen, wie sie ihr bestehendes Produktportfolio mit Hilfe von digitalen Plattformen und Technologien erweitern können. Solche Produktentwicklungen bieten dem Kunden einen Mehrwert und verbessern das Kundenerlebnis und damit einhergehend die Kundenbindung *(vgl. Esser 2014)*.

2.1.3 Bedeutung der Digitalisierung

Im Zuge der Digitalisierung, kann in der deutschen Wirtschaft eine grundlegende Veränderung der Marktbedingungen beobachtet werden. Als Folge dessen, ändert sich in mehr als jedem zweiten Unternehmen (55 Prozent) das Geschäftsmodell. Dies belegt eine repräsentative Umfrage des Digitalverbands Bitkom in Zusammenarbeit mit Aris Umfrageforschung, bei der im Februar 2015 insgesamt 505 Geschäftsführer und Vorstände von Unternehmen ab einer Größe von 20 Mitarbeitern befragt wurden *(Bitkom 2015b)*. Laut dieser

Umfrage kommt dem digitalen Wandel die gleiche Bedeutung zu, wie etwa dem Fachkräftemangel und anderen internen und externen Herausforderungen wie einem scharfen Wettbewerb oder schwierigen Finanzierungs-bedingungen. "Die Bewältigung des digitalen Wandels ist die wichtigste Managementaufgabe unserer Zeit", so Bitkom-Präsident Prof. Dieter Kempf zum Auftakt der CeBIT 2015 in Hannover, "verändert sich das Geschäftsmodell infolge der Digitalisierung, muss sich das Unternehmen anpassen oder verschwindet früher oder später vom Markt" *(Bitkom 2015b)*. Trotzdem bewertet eine deutliche Mehrheit der befragten Unternehmen den digitalen Wandel positiv. 86 Prozent der Top-Manager sehen in ihm mehr Chance als Risiko für ihr Unternehmen. Nur 10 Prozent sehen eine Gefahr, die restlichen 4 Prozent sind der Meinung, dass die Digitalisierung keinen Einfluss auf ihr Unternehmen haben wird.

Die enorme Bedeutung der Digitalisierung für die deutschen Unternehmen ist nicht nur subjektiv oder gefühlt. Schon mehr als 20 Prozent der Umsätze werden über das Internet erwirtschaftet *(vgl. Schröder et al. 2015)*. Die meisten Unternehmen erkennen, dass sich das Wettbewerbsumfeld im Zuge des digitalen Wandels verändert. So sagt rund die Hälfte der in der Umfrage Befragten (48 Prozent), dass Wettbewerber, die der Internetbranche zuzuordnen sind, in ihren Markt drängen. Ein Viertel der Befragten (25 Prozent) gibt an, dass Konkurrenten, die frühzeitig auf die Digitalisierung gesetzt haben, heute besser dastehen als sie selber. Knapp ein Fünftel (19 Prozent) müssen sogar eingestehen, dass die Digitalisierung ihre unternehmerische Existenz gefährdet. "Der digitale Wandel ist ein Prozess der schöpferischen Zerstörung", kommentiert Kempf diese Zahlen. "Das sollte die Verantwortlichen anspornen. Niemand ist der Entwicklung hilflos ausgeliefert, man kann sie gestalten", gibt er zu bedenken.

Die Rahmenbedingungen haben sich verändert und werden es auch zukünftig tun, denn die Digitalisierung ist ein Megatrend. Jedes einzelne Geschäftsfeld ist zwar unterschiedlich stark von den Chancen und Risiken der Digitalisierung betroffen, doch es ist unzweifelhaft, dass beinahe jedes Unternehmen in Deutschland von der Digitalisierung betroffen ist. Zu diesem Ergebnis kommt auch das Institut für Mittelstandsforschung – IfM Bonn in einer Studie aus dem Jahre 2015 *(vgl. Schröder et al. 2015)*. Darin wird der Einfluss der Digitalisierung vor allem durch die Tatsache deutlich, dass 86 Prozent der befragten Unternehmen angaben, internetbasierte Informations- und Kommunikationstechnologien wären Teil ihres Geschäftsmodells.

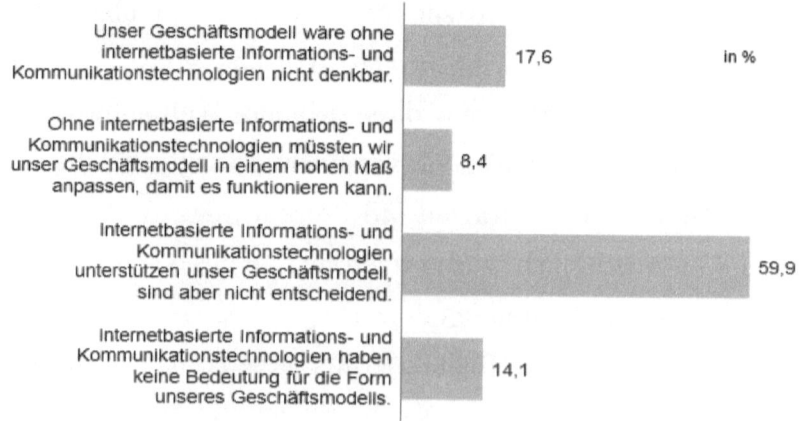

Abbildung 2: Abhängigkeit des Geschäftsmodells vom Internet. Quelle: Schröder et al. (2015)

Dies führt zu unterschiedlichen Reaktionen und Maßnahmen: Bei den meisten Unternehmen (82 Prozent) stehen entsprechende Weiterbildungen im Vordergrund. Dabei schulen sie ihre Mitarbeiter für den zweckdienlichen Einsatz der neuen Technologien im Unternehmen. Außerdem werden Partnerschaften mit IT- bzw. Internetunternehmen geschlossen. Andreas Harting, Partner bei Deloitte Digital, sagt zu diesem Thema: "Die Gewinner der digitalen Transformation werden diejenigen sein, die Paradigmenwechsel im eigenen Unternehmen als Standard etablieren und immer wieder neue Geschäftsmodelle erschaffen. Voraussetzung dafür sind die richtigen Führungspersönlichkeiten und eine Netzwerkstruktur, die über das eigene Unternehmen hinausgeht" *(vgl. Deloitte Digital / Heads! 2015).*

Auch wenn heute noch viele Betriebe und Dienstleister analog effizient funktionieren, wird mit weiter zunehmender Digitalisierung der Effizienzdruck steigen (vgl. Kraft 2015). Denn Start-ups bringen mit innovativen, ungewöhnlichen Ideen frischen Wind in die Branchen und fordern etablierte Unternehmen heraus. In den seltensten Fällen lassen sich neue, innovative Geschäftsmodelle flexibel auf das traditionelle Geschäft übertragen *(vgl. Rasch, Michael 2015).*

Insbesondere kleine und mittelständige Unternehmen könnten laut der Studie des IfM Bonn aufgrund ihrer eingeschränkten personellen Ressourcen, die Relevanz der fortschreitenden Digitalisierung unterschätzen und deswegen in Zukunft an Wettbewerbsfähigkeit einbüßen. Unternehmen, die digitale Trends ignorieren und sich einer Weiterentwicklung ihrer Geschäftsmodelle verschließen, koppeln sich - so im Ergebnis dieser Studie - nicht nur vom Absatzmarkt ab oder lassen Umsatzpotenziale ungenutzt, sondern verlieren auch einen wichtigen Zugang zum zukünftigen Arbeitsmarkt *(vgl. Schröder et al. 2015).*

2.2 Grundlagen von Geschäftsmodellen

In jüngster Zeit führt die Vielzahl an innovativen Informations- und Kommunikationstechnologien sowie die durch die Digitalisierung immer kürzer werdenden Produktlebenszyklen zunehmend zu einem sich verändernden Wettbewerbsumfeld. Durch eine wachsende Dynamik und das Sich-Auflösen von klassischen Industrie- und Unternehmensgrenzen, entstehen neue Herausforderungen für die unternehmerische Praxis *(vgl. Bettis / Hitt 1995: 8).* Vor dem Hintergrund dieser Entwicklungen ist festzustellen, dass eine Analyse der einzelnen strategischen Geschäftseinheiten oder Unternehmen bzw. eine Analyse der jeweiligen Branchen und Industrien, wie sie der ressourcen- und marktorientierte Ansatz des strategischen Managements vorschlägt, als Ausgangspunkt für unternehmerische Entscheidungen alleine nicht mehr ausreicht *(vgl. Bettis 1998: 357; Sampler 1998: 354; Schmid 2000: 196).* Analyseinstrumente der beiden Grundrichtungen, die bisher Verwendung fanden, verlieren an Bedeutung und bedürfen einer Erweiterung. Zu empfehlen sind daher neue Instrumente; In diesem Zusammenhang werden Geschäftsmodelle als Analyseinstrumente besonders häufig diskutiert. Für die folgenden Kapitel ist es von Bedeutung, den Begriff des Geschäftsmodells näher zu erläutern, um ein theoretisches Grundgerüst für die folgenden Kapitel zu schaffen.

2.2.1 Wesen und Merkmale von Geschäftsmodellen

Die betriebswirtschaftliche Auseinandersetzung mit dem Begriff Geschäftsmodell hatte ihren Höhepunkt Ende der 1990er Jahre. Dabei wurde die spezifische Vorgehensweise der Wertschöpfung vieler Unternehmen aus der New economy und die dazugehörigen unternehmerischen Tätigkeiten mit dem Begriff Geschäftsmodell bezeichnet *(vgl. Bach et al. 2003: 10)*. Doch war hier die Praxis der Theorie einen Schritt voraus, liegt doch bei genauerer Betrachtung bis heute kein anerkanntes Begriffsverständnis eines Geschäftsmodells vor *(vgl. Porter 2001, S.71)*. Es kann sogar vorkommen, dass selbst innerhalb derselben Firma kein einheitliches Verständnis über diesen Begriff herrscht *(vgl. Gassmann et al. 2013: 5)*.

Der Nutzen von Geschäftsmodellen als Analyseinstrument liegt vor allem darin, die Schlüsselfaktoren des Unternehmenserfolgs oder Misserfolges zu erkennen und zu verstehen. Es werden Aussagen über Prozesse, Finanzströme und kritische Erfolgsfaktoren ermöglicht. Dadurch ergeben sich laut Bieger / Reinhold (2011 13-70) drei wesentliche Nutzenkomponenten:

Analyse des aktuellen Geschäftsmodells

Die Geschäftstätigkeit eines Unternehmens und seine Beziehungen werden in vereinfachter Weise dargestellt. Wesentliche Elemente eines Geschäftsmodells sowie die systemischen Beziehungen werden aufgezeigt. Der Analyseprozess konkretisiert logische Zusammenhänge im Unternehmen.

Planung des zukünftigen Geschäftsmodells

Durch eine kritische Auseinandersetzung mit dem aktuellen Zustand können bestehende Tätigkeiten sowie das bestehende Geschäftsmodell weiter-entwickelt werden.

Einfachere Kommunikation mit Anspruchsgruppen

Mithilfe eines Geschäftsmodells wird die Kommunikation bei der Geschäftstätigkeit in vereinfachter strukturierter Weise gegenüber internen und externen Anspruchsgruppen dargelegt. Insbesondere die wertschaffenden Tätigkeiten zur Umsetzung der Unternehmensstrategie können plausibel kommuniziert werden.

Somit dient ein Geschäftsmodell in der Essenz als Werkzeug und Analyseinstrument und vereinfacht die Kommunikation und Darstellung eines Unternehmens.

2.2.2 Ansätze zu Geschäftsmodellen

Über den Begriff des Geschäftsmodells herrscht wie einleitend bereits erwähnt, Uneinigkeit. Seit 1998 wurden eine Vielzahl an Definitionen vorgeschlagen. Einige sind detaillierter, andere kompakter. Aus diesem Grund werden im Weiteren Geschäftsmodelle aus unterschiedlichen Blickwinkeln der Literatur aufgegriffen und erläutert.

Timmers (1998: 4) lieferte eine der ersten Definitionen für ein Geschäftsmodell:

"... an architecture for the product, service and information flows, including a description of the various business actors and their roles, and a description of the potential benefits for the various business actors, and a description of the sources of revenues".

Mit seiner Definition stellt Timmers klar heraus, dass zu einem Geschäftsmodell Produkt, Dienstleistungs- und Informationsflüsse gehören. Diese werden von einem Akteur versendet und von einem anderen empfangen. Dabei wird sowohl die Rolle der beteiligten Akteure als auch die von ihm erwarteten möglichen Vorteile und eventuellen Umsatzquellen, als Teil eines Geschäftsmodells definiert. Obwohl Umsatzquellen genannt werden, bleibt die Frage offen, ob Wertschöpfung vorliegen kann *(vgl. Scheer et al. 2003: 9).*

Porter (2001) kritisiert die Verwendung von Geschäftsmodellen als Analyseinstrument im Umfeld der New Economy:

> *"Instead of talking in terms of strategy and competitive advantage, dot-coms and other Internet players talk about "business models". This seemingly innocuous shift in terminology speaks volumes. The definition of a business model is murky at best. Most of them, it seems to refer to a loose conception of how a company does business and generates revenue. Yet simply having a business model is an exceedingly low bar to set for building a company. Generating revenue is a far cry from creating economic value, and no business model can be evaluated independently of industry structure. The business model approach to management becomes an invitation for faulty thinking and self-delusion."*

In seiner Definition bemängelt Porter das Vernachlässigen seiner in früheren Werken als relevante Elemente der Unternehmensführung vorgestellten Instrumente. Diese sind die Wertkette und die Strategie. Im Gegensatz zu anderen Autoren richtet Porter seine Betrachtung nicht alleine auf die Erzielung von Umsatz, sondern vielmehr auf die Generierung eines Mehrwertes aus *(vgl. Scheer et al. 2003: 14)*.

Magretta (2002) liefert in ihrem Aufsatz eine Reihe von Bestandteilen, die in Kombination ein Geschäftsmodell beschreiben:

"A good business model answers [...] [the] question: Who is the customer? And what does the customer value? [...] How do we make money in this business? What is the underlaying economic logic that explains how we can deliver value to customer at an appropriate cost? [...] Business models describe [...] how the pieces of a business fit together."

Magretta spricht im Wesentlichen vom Kunden als zentrales Element der Betrachtung. Von diesem ausgehend wird eine mögliche Wertschöpfung sowie der daraus resultierende Gewinn als Bestandteil des Geschäftsmodells genannt. Aus Sicht des Unternehmens bzw. der betrachteten Einheit steht der Gewinn dabei am Ende der Wertkette (*vgl. Scheer et al. 2003: 17*).

Eine der detailliertesten Definition stammt von Bieger und Reinhold (2011: 32):

„Ein Geschäftsmodell beschreibt die Grundlogik, wie eine Organisation Werte schafft. Dabei bestimmt das Geschäftsmodell, (1) was ein Organisation anbietet, das von Wert für Kunden ist, (2) wie Werte in einem Organisationssystem geschaffen werden, (3) wie die geschaffenen Werte dem Kunden kommuniziert und übertragen werden, (4) wie die geschaffenen Wert in Form von Erträgen durch das Unternehmen „eingefangen" werden, (5) wie die Werte in der Organisation und an Anspruchsgruppen verteilt werden und (6) wie die Grundlogik der Schaffung von Wert weiterentwickelt wird, um die

Nachhaltigkeit des Geschäftsmodells in der Zukunft sicherzustellen."

2.2.3 Bedeutung von Geschäftsmodellen

Die durch die Digitalisierung vorangetriebene Entwicklung neuer Technologien erfordert es, hierzu passende innovative Geschäftsmodelle zu entwickeln. Die theoretische Konzeption neuartiger Geschäftsmodelle spielt eine wichtige Rolle in der Praxis, zur Entstehung eben dieser. Beispielhaft für die Digitalisierung von Gütern, durch die auch neue Geschäftsmodelle entstanden sind, ist Musik im Zuge mit dem iPod und dem AppStore. Nicht zuletzt wegen der dynamischen Entwicklungen von Technologien und Unternehmen, ist dieses Thema als interdisziplinäres Forschungs-feld besonders wichtig.

Als Ergebnis kann festgehalten werden, dass das Geschäftsmodell eine Geschäftsidee voraussetzt. Es wird in vereinfachter Form abgebildet, welche Ressourcen in die Unternehmung fließen und wie diese durch innerbetriebliche Leistungserstellungsprozesse in vermarktungsfähige Informationen, Produkte und / oder Dienstleistungen transformiert werden *(vgl. Wirtz 2006: 67)*. Dies ermöglicht es, die Geschäftstätigkeit eines Unternehmens und seine Beziehungen in vereinfachter Weise zu präsentieren. Somit ist das Geschäftsmodell der Kern eines jeden Unternehmens. Die Übersichtsdarstellung, welche aufzeigt, wie eine Wertschöpfung für den Kunden entsteht, ist dabei der Größte Nutzen (vgl. Hoffmeister

2013: Vorwort). Doch trifft ein Geschäftsmodell keine Aussagen zur Wettbewerbssituation und ist somit selbst keine Strategie. Dies ist insofern wichtig, da es während des Internet-Hypes Anfang der Jahrtausendwende bereits genügte, irgendein Geschäftsmodell auf Grundlage des Internet realisieren zu wollen, um als strategisch gut positioniert zu gelten *(vgl. Stähler 2002: 49)*. Vielmehr zeigt ein Geschäftsmodell die logischen Zusammenhänge innerhalb eines Unternehmens auf.

2.3 Grundlagen der Erfolgsfaktorenforschung

Die Erfolgsfaktorenforschung ist ein Teilgebiet des strategischen Managements und hat seit etwa Mitte der 1970er Jahre, angesichts der sich stark wandelnden Marktbedingungen, an Bedeutung gewonnen. Knappe Ressourcen und stagnierende Märkte wie sie beispielsweise durch die Marktsättigung gegen Ende der 1960er Jahre und durch die Ölkrise Anfang der 1970er Jahre hervorgerufen wurden, rascher technischer Fortschritt und der durch die Internationalisierung verschärfte Wettbewerb führten zu drastischen Veränderungen der ökonomischen Umweltbeding-ungen in der Weltwirtschaft.

Vor diesem Hintergrund erweist sich die Sicherstellung von zukünftigen Erfolgspotenzialen als besonders wichtig. Gleichzeitig wird die Suche nach geeigneten Strategiekonzepten in zunehmend komplexeren und sich diversifizierenden Unternehmens-strukturen, erschwert. Die kritische

Auseinandersetzung mit den eigenen Erfolgsfaktoren wird daher als ein probates Mittel der Krisenbewältigung und Neuausrichtung der Unternehmenspolitik angesehen *(vgl. Domschke / Scholl 2003: 347).*

2.3.1 Wesen und Merkmale von Erfolgsfaktoren

In der Literatur lassen sich für den Begriff Erfolgsfaktor weitere Synonyme, wie beispielsweise "kritische Faktoren", "strategische Erfolgspositionen", "Schlüsselfaktoren", "kritische Erfolgsfaktoren" oder "Erfolgskomponenten", finden. Da aus diesem Grund keine einheitliche Definition des Begriffs Erfolgsfaktor besteht, gilt im Kontext der vorliegenden Arbeit, dass als strategische Erfolgsfaktoren die Elemente, Determinanten oder Bedingungen bezeichnet werden, die den Erfolg oder Misserfolg unternehmerischen Handels entscheidend beeinflussen *(vgl. Kreilkamp 1987: 176).*

Eine der wohl bekanntesten und umfassendsten Studien auf dem Gebiet der Erfolgsfaktorenforschung ist das Profit Impact of Market Strategies (PIMS) – Programm. Dieses 1960 von General Electric initiierte und in den 1970er Jahren durch die Harvard Business School und später durch das Strategie Planning Institute (PSI) fortgeführte Programm stellte den ersten Versuch dar, auf empirischer Basis die Zusammenhänge zwischen Strategie und Erfolg im Unternehmen nachzuweisen. Das PIMS-Projekt hat im Zuge einer branchenübergreifenden Analyse multinationaler Unternehmen ergeben, dass die relative Wettbewerbsposition, die Marktattraktivität, getätigte Investitionen, Kosten und Veränderungen der Erfolgsfaktoren als Haupteinflussparameter des Unternehmenserfolges angesehen werden können.

Im Mittelpunkt der Erfolgsfaktorenforschung stehen jedoch nicht etwa Einzelaspekte, wie beispielsweise Erfolge im Verkauf oder Zeiteinsparung bei der Produktion, sondern der Erfolg des Gesamtunternehmens. Dabei werden Erfolgsfaktoren als beein-flussbare Faktoren angesehen, welche einen nachhaltigen und lang-fristigen positiven Einfluss auf den Unternehmenserfolg haben *(vgl. Steinle et al. 1996: 11)*.

Nagel (1986) lieferte eine umfassende, praktische Ausarbeitung über Erfolgsfaktoren, in dem er sechs generelle Erfolgsfaktoren identifizierte. Neben der praktizierten Kundennähe, welche er als wichtigsten Faktor sieht, nennt Nagel außerdem die Faktoren Strategie, Organisation, Mitarbeiter, Führungssysteme und Informationssysteme als wesentliche Einflussgrößen auf den Unternehmenserfolg. Kowalik (2004) und Nagel (1986) unterteilen Erfolgsfaktoren weiterhin in u.a. generelle, branchenspezifische und unternehmensspezifische Erfolgsfakten. Während generelle Erfolgsfaktoren dabei für alle Unternehmen und Branchen angewendet werden können, sollten spezifische Erfolgsfaktoren individuell ermittelt werden.

2.3.2 Methoden der Erfolgsfaktorenforschung

Nach Grünig, Heckner und Zeus (1996) können grundsätzlich fünf methodische Herangehensweisen der Erfolgsfaktoren-forschung unterschieden werden (vgl. Abbildung

3). Demnach werden empirische Erfolgsfaktorenstudien zunächst nach der Art ihrer Ermittlung in direkte oder indirekte Erfolgsfaktoren differenziert *(vgl Grünig et al. 1996: 3-12)*.

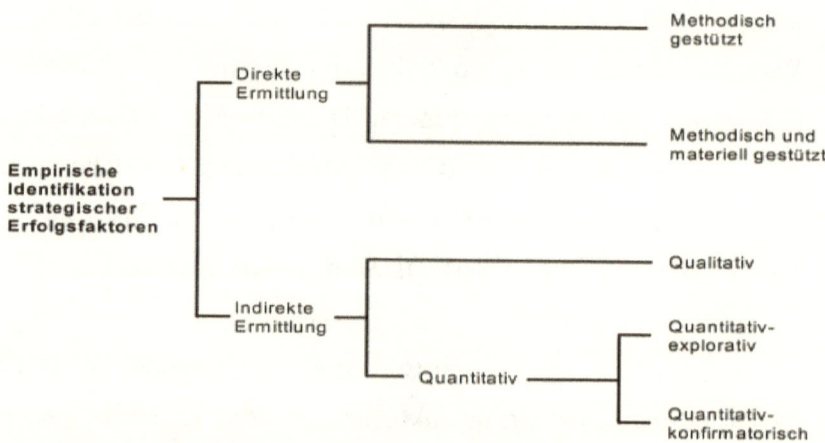

Abbildung 3: Methoden der Erfolgsfaktorenforschung.
Quelle: Haennecke (2002)

Im Zuge der sogenannten direkten Ermittlung wird in Expertenbefragungen direkt nach den beeinflussenden Variablen für Erfolg gefragt. Dabei können interne Experten, das heißt Unternehmensangehörige, aber auch externe Experten, wie etwa Kunden, Händler, Lieferanten, Zulieferer oder Konkurrenten, befragt werden. Besonders in der jüngeren Zeit erfährt diese Methode der Ermittlung zunehmende Bedeutung in der Praxis *(vgl Grünig et al. 1996: 3-12; Haenecke 2002)*.

Die direkte Ermittlung kann zum einen methodisch gestützt erfolgen. Relevante Methoden hierfür sind Kreativitätstechniken, wie etwa Brainwriting oder Brainstorming. Auch Befragungs-technicken, wie beispielsweise die Delphi-

Methode oder tiefen-psychologische Interviews finden Anwendung. Zusätzlich lässt sich die direkte Ermittlung materiell gestützt durchführen. So kann sie etwa durch Checklisten oder mit Hilfe von Bezugsrahmen erfolgen. Dabei werden potenzielle Erfolgsfaktoren vorgegeben und im Rahmen einer empirischen Erhebung systematisch abgefragt. Ebenso können strukturierte Fragebögen, bestehend aus Hypothesen über Erfolgsfaktoren verwendet werden *(vgl Grünig et al. 1996; Haenecke 2002).*

Bei der indirekten Ermittlung wird nicht direkt nach den Ursachen des Erfolgs gefragt, sondern mittels statistischer Verfahren oder gedanklicher Analysen untersucht, welche Faktoren den Erfolg wirksam beeinflussen. Diese Ermittlungen lassen sich je nach Art ihrer Erhebung weiter in qualitative und quantitative Untersuchungen klassifizieren *(vgl Grünig et al. 1996: 3-12; Haenecke 2002).*

Im Rahmen der qualitativen Studien werden keine Unternehmenszahlen direkt untersucht, sondern qualitative Aussagen in den Mittelpunkt gestellt. Kennzeichen einer solchen Erhebung ist eine nicht standardisierte Befragung mit offenen Fragen zu den wichtigsten Ursachen des Unternehmenserfolges, also eine qualitative Erfolgsfaktorenstudie. Beispielhaft genannt werden kann hier die Arbeit von Peters und Waterman (2000). Im ersten Schritt wählten hier die Autoren zunächst mit Hilfe einer Reihe von Kriterien Unternehmen aus, welche sie als besonders erfolgreich einstuften. Im Anschluss untersuchten sie diese Unternehmen auf Gemeinsamkeiten. Die gemeinsamen Charakteristika interpretierten sie als die relevanten Erfolgsfaktoren *(vgl Grünig et al. 1996; Haenecke 2002)*.

Dagegen werden in quantitativen Studien quantifizierte Unternehmensdaten erhoben. Mit Hilfe mathematischer Analysemethoden wird – so die zu Grunde liegende Idee – ihr Anteil am Unternehmenserfolg messbar. Bei der Gruppe der quantitativen Untersuchungen wird entsprechend der Art des Untersuchungs-ansatzes weiter unterschieden. So gibt es explorative Ansätze, die sich zum Ziel setzen, eine Kausalstruktur zu entdecken, und konfirmatorische Ansätze, die eine vermutete Kausalstruktur überprüfen und nachweisen sollen *(vgl Grünig et al. 1996; Haenecke 2002)*.

Konkret versuchen die quantitativ-explorativen Ansätze, jene Variablen zu identifizieren, die aus einer Vielzahl möglicher Erfolgsfaktoren tatsächlich den Erfolg beeinflussen. Dabei wird typischer Weise auf Korrelations-, Regressions- und Faktoranalysen zurückgegriffen. Als prominentestes Beispiel für eine solche quantitativ-explorative Erfolgsfaktorenstudie gilt das bereits erwähnte PIMS-Programm von General Electric. Im deutschen Sprachraum gilt die Untersuchung von *Patt (1988)* über Erfolgsfaktoren im Einzelhandel als richtungsweisend.

Studien mit einem quantitativ-konfirmantischen Ansatz untersuchen Wirkungsmechanismen und Zusammenhänge, die bereits eine theoretische und empirische Grundlage haben. Diese Zusammenhänge werden in der Erfolgsfaktorenforschung dann mit kausalanalytische Methoden verifiziert. Bei den untersuchten Variablen unterscheiden sich die konfirmatorischen Studien deutlich von den explorativen durch die Anzahl der betrachteten Variablen; Konfirmatorische Arbeiten können bereits auf ein Verständnis der Kausalstrukturen zurückgreifen, wodurch sie weniger Variablen berücksichtigen müssen. Als wichtigstes Verfahren der jüngeren Zeit sei hier die Kausalanalyse mit dem Softwarepaket Lisrel genannt. Im deutschen Sprachraum gilt die Dissertation von *Kube (1991)* als wegbereitend: Basierend auf einer Metaanalyse verschiedener Erfolgsfaktorstudien entwickelte er ein Hypothesensystem für den Einzelhandel, das dann in einer kausalanalytischen Überprüfung mündete *(vgl. Haenecke 2002)*.

Wettbewerbsvorteile müssen grundsätzlich wesentliche Anforderungen erfüllen, um als strategischer Erfolgsfaktor gelten zu können (vgl. u.a. Haenecke 2002):

1. Der Wettbewerbsvorteil muss die Basis für die Abgrenzung der eigenen Marke zur Konkurrenz darstellen, damit langfristig eine "unique selling proposition" aufgebaut werden kann.

2. Der Wettbewerbsvorteil muss spezifische Kundenbedürfnisse erfüllen.

3. Der Wettbewerbsvorteil muss auf den spezifischen Fähigkeiten und Ressourcen der Unternehmung aufbauen, die hinsichtlich der Konkurrenz einzigartig und durch diese nicht oder aber nur schwer nachzuahmen sind.

2.3.3 Bedeutung von Erfolgsfaktoren

Die Erfolgsfaktorenforschung unterscheidet im Wesentlichen zwei Gruppen von Unternehmen. So gibt es Unternehmen, die Erfolg haben und wissen warum, und Unternehmen, die Erfolg haben und nicht wissen, worin sich dieser genau begründet. Auf der anderen Seite gibt es Unternehmen, die keinen Erfolg haben und wohl in der Mehrheit nicht wissen, warum das so ist, und Unternehmen, die nicht erfolgreich sind, doch im Idealfall wissen, warum das so ist. Gleichgültig ob ein Unternehmen nun bereits erfolgreich ist oder nicht, es ist in jedem Fall gut beraten, seine Erfolgsfaktoren zu untersuchen und sie bei seinen Investitionen zu berücksichtigen. Der Ausgangspunkt einer solchen Untersuchung ist stets, die verantwortlichen Variablen zu bestimmen, mit denen der Erfolg quantifiziert werden kann. Die durch die Anwendung gewonnen Informationen dienen den Entscheidungsträgern als Entscheidungshilfe. Darüber hinaus stellt dies Konzept ein retrospektiv wichtiges Kontrollsystem dar. Dabei gilt in der Erfolgsfaktorenforschung die Grundannahme, dass nur einige wenige Variablen über den Erfolg bzw. Misserfolg eines Unternehmens entscheiden. Mit zunehmender Erforschung des Problemfeldes setzt sich außerdem die wichtige Erkenntnis durch, dass sich Erfolgsfaktoren mit wechselnden ökonomischen Umweltbedingungen in ihrer Stärke und Ausprägung verändern und Unternehmen somit gezwungen sind, bei jeder Änderung der Marktsituation die analysierten Erfolgsfaktoren neu auf ihre Gültigkeit zu überprüfen *(vgl Haenecke)*.

3. Forschungsstand Geschäftsmodelle

„The definition of a business model is murky at best."
(Porter 2001)

In Anbetracht der rasant gestiegenen Publikationszahl mit thematischen Bezug zu Geschäftsmodellen scheint es naheliegend, dass die Grundlagen des Konzepts dadurch in der Zwischenzeit hinreichend weiterentwickelt und dargelegt wurden. Allerdings ist bis heute die Einstellung vieler Autoren zur (theoretischen) Fundierung des Geschäftsmodell-Konzepts eher kritisch. Einige sehen das Geschäftsmodell immer noch als theoretisch unterentwickeltes Konzept, diagnostizieren eine fehlende theoretische Grundlage in der Wirtschaft oder in betriebswirtschaftlichen Studien, stellen fest, dass die Literatur fragmentiert und von uneinheitlichen Definitionen und konstruierten Grenzen verwirrend ist oder sehen die Literatur, die einen klaren Mangel an Konsens in Bezug auf die Geschäftsmodelle zeigen als unscharf und vage an *(vgl. Al-Debei / Avison 2010: 359-376; Teece 2010: 172-194; George / Bock 2011: 83-111; Zott et al. 2011: 1019-1042).*

Als mögliche Gründe für die unzureichende theoretische Fundierung werden u. a. die relative Neuheit des Konzepts sowie die Dynamik seiner primär technologiegetriebenen Anwendungsdomänen vermutet *(vgl. Osterwalder et al. 2005: 1-25; Al-Debei / Avison 2010: 359-376).* Weiterhin hinderlich ist die Interdisziplinarität des Konzepts: Durch die Forschungsanstrengungen, die sich in viele verschiedene Domänen und

Disziplinen zerstreut, stellen sich die Integration und Konsolidierung der erzielten Forschungsergebnisse im Vergleich zu monodisziplinären Konzepten deutlich schwieriger dar. Aus diesem Grund findet sie bislang auch kaum statt *(vgl. Pateli / Giaglis 2004 302-314)*. Neben dieser Erschwernis kumulativer Forschung scheint es jedoch in vielen Fällen auch an der Motivation zu eben dieser zu fehlen. So kritisieren *Zott et al. (2011: 1019-1042)*, dass Autoren häufig spezifische, untereinander nicht konsistente Definitionen des Geschäftsmodell-Konzepts nutzen und damit den Forschungsfortschritt unnötig erschweren. Mit einer ähnlichen Argumentation stellten *Osterwalder et al. Bereits 2005 (1-25)* fest: „Business model research as a whole advances more slowly than it could".

4. Komponenten der Geschäftsmodellanalyse

Nachfolgend werden die einzelnen Komponenten dargestellt, die für eine Ausarbeitung oder Analyse eines Geschäftsmodells hilfreich sind. Dazu gehören im Einzelnen die Geschäftsmodellebenen nach *Wirtz (2010)* und die Geschäftsmodellkomponenten, die aus dem Prozessmodell, dem Teilnehmermodell, dem Transaktionsmodell und dem Erlösmodell bestehen.

4.1 Geschäftsmodellebenen

Im Rahmen der Untersuchung von Geschäftsmodellen, unterscheidet *Wirtz (2010: 70-73)* zwei grundsätzliche Geschäftsmodellebenen: die generische und die spezifische. Die generische Ebene gilt nicht für ein spezifisches Unternehmen und lässt sich wiederum in zwei Sub-Ebenen unterteilen: die abstrakte Ebene und die Industrieebene.

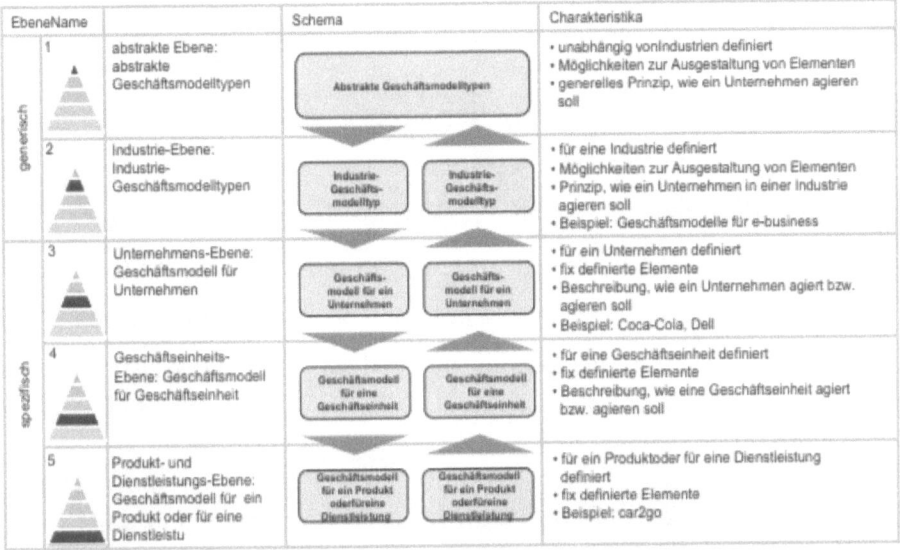

Abbildung 4: Ebenen von Geschäftsmodellen. (in Anlehnung an Schallmo und Brecht 2010, S. 6; Wirtz 2010 S. 70 und Weiner et al. 2012, S. 187)

Auf der abstrakten Ebene werden Geschäftsmodelle untersucht, die unabhängig von einer Industrie gelten. Sie bilden eine generelle Beschreibung, wie ein Unternehmen am Markt agieren kann *(vgl. Schallmo / Brecht 2010: 5)*. Ein Beispiel hierfür ist das sogenannte Bait-and-Hook-Geschäftsmodell, bei dem ein günstiges (Tintenstrahldrucker) oder gar kostenloses Produkt angeboten wird, dessen Verwendung aber erst durch dazugehörige Folgekäufe (Patronen) möglich wird *(vgl. Osterwalder / Pigneur 2010).*

Die Industrieebene untersucht hingegen wie ein Unternehmen innerhalb einer abgegrenzten Industrie agieren kann. Eine Betrachtung von Geschäftsmodellen auf der generischen Ebene ermöglicht es auf Unternehmensebene Ideen zu gewinnen *(vgl. Schallmo / Brecht 2010: 5).*

Analog dazu können durch eine Betrachtung auf der spezifischen Ebene, bestehende Geschäftsmodelle miteinander verglichen werden. Die spezifische Ebene gilt im Gegensatz zur generischen immer für ein Unternehmen und unterteilt sich wiederum in drei Sub-Ebenen: die Unternehmensebene, die Geschäftseinheitebene und die Produkt- und Dienstleistungsebene *(vgl. Schallmo / Brecht 2010: 5).*

Auf Unternehmensebene werden Geschäftsmodelle nach Wirtz untersucht. Beispielhaft hierfür steht das Unternehmen Dell, welches ein Geschäftsmodell auf Unternehmensebene betreibt *(vgl. Schallmo / Brecht 2010: 5).*

Auf der Geschäftseinheitsebene werden Geschäftsmodelle für einzelne Geschäftseinheiten untersucht. Diese Ebene bietet sich für Unternehmen an, die in unterschiedlichen Geschäftsfeldern oder Märkten agieren *(vgl. Schallmo / Brecht 2010: 5).*

Auf der Produkt- und Dienstleistungs-Ebene werden letztlich Geschäftsmodelle einzelner Produkte bzw. Dienstleistungen untersucht *(vgl Wirtz 2010: 70-73)*. Ein Beispiel hierfür ist Car2go. Hierbei handelt es sich um ein Geschäftsmodell für Mobilitätsdienstleistungen, welches nur eines von vielen weiteren Geschäfts-modellen der Daimler AG ist.

Ein Vorteil der Betrachtung von Geschäftsmodellen auf unterschiedlichen Ebenen liegt darin, analysierte Geschäftsmodelle entsprechend einordnen zu können um im Rahmen ihrer weiteren Entwicklung, Ideen und Verbesserungen zwischen den jeweiligen Ebenen auszutauschen. Diesen Ideentransfer zwischen den unterschiedlichen Geschäftsmodellebenen bezeichnet man als Top-down bzw. Bottom-up Interaktion *(vgl. Schallmo 2013: 31)*.

Im Rahmen der Top-down-Interaktion, werden abstrakte Geschäftsmodelle genutzt, um Ideen für die Entwicklung neuer Industriegeschäftsmodelle zu gewinnen. Diese Industriegeschäftsmodelle dienen wiederum der Entwicklung von Unternehmensgeschäftsmodellen. Im Gegensatz dazu, werden bei der Bottom-up-Interaktion, Ideen bereits existierender Geschäftsmodelle auf Unternehmensebene dazu genutzt, Geschäftsmodelle auf Industrieebene zu entwickeln.

4.2 Geschäftsmodellkomponenten

Nachdem einleitend die unterschiedlichen Geschäftsmodellebenen vorgestellt wurden, sollen in diesem Kapitel die unterschiedlichen Komponenten eines Geschäftsmodells untersucht werden. Die jeweilige Kombination dieser Komponenten ist ein wesentlicher Bestandteil innerhalb der Definition von Geschäftsmodellen. Die Kombination verfolgt das Ziel, Produkte oder Dienstleistungen zu erstellen bzw. Werte zu schaffen, bereitzustellen und zu sichern. Diese geschaffenen Werte dienen wiederum dazu, Kunden-beziehungen zu festigen und sich durch eine Differenzierung gegenüber Wettbewerbern Vorteile zu sichern *(vgl Wirtz 2010: 70)*. Porter *(2014: 63)* stellt in diesem Zusammenhang fest: "Wettbewerbsvorteile lassen sich nicht verstehen, solange man ein Unternehmen als Ganzes Betrachtet".

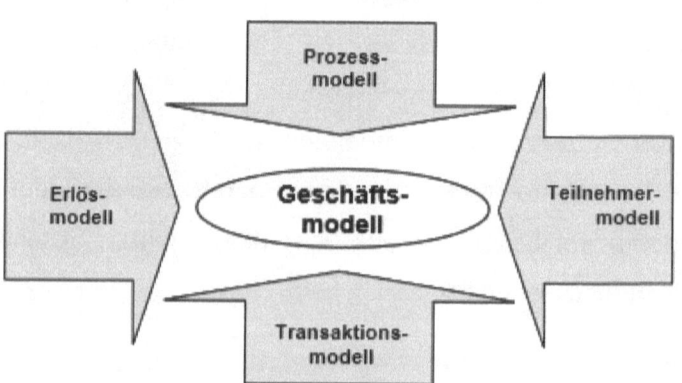

Abbildung 5: Geschäftsmodellkomponenten.
Quelle: Haennecke (2002)

4.2.1 Prozessmodell

Um ein Geschäftsmodell zu untersuchen bzw. zu entwickeln, ist die Analyse der Wertschöpfungsaktivitäten eines Unter-nehmens empfehlenswert. Darunter fallen alle physisch und technologisch unterscheidbaren Aktivitäten, welche einen direkten wertschöpfenden Beitrag zur Erstellung eines Produktes oder einer Dienstleistung liefern. Für eine Darstellung der Wertschöpfung eines Unternehmens bietet das von *Porter 1986* entwickelte Konzept der Wertschöpfungskettenanalyse ein nicht zu komplexes, aber durchaus erfolgreiches Instrument *(vgl Wirtz 2013: 265)*. Die Grundstruktur dieses Analysekonzepts wird in Abbildung 6 dargestellt.

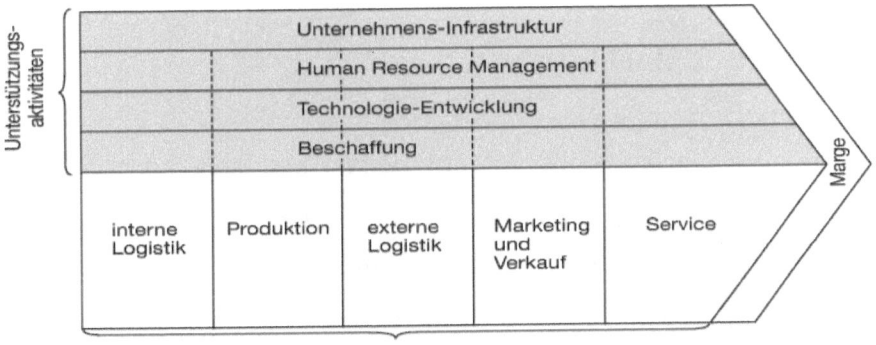

Abbildung 6: Wertschöpfungskette der Unternehmensaktivitäten.
Quelle: Wirtz (2013) S. 266. In Anlehnung an Porter (1986) S. 62.

Wenn von der Wertkette die Rede ist, wird darunter eine stark vereinfachte Struktur verstanden, die individuell auf das jeweils untersuchte Unternehmen angepasst werden kann und muss. Die Bestandteile der ursprünglichen Form einer solchen Wertschöpfungskette sind Aktivitäten, die sich mit der

Herstellung und Weiterleitung des Produkts an den Kunden befassen. Hierunter fällt beispielsweise der Materialeingang, die Erstellung der Produkte, die Logistik im Warenausgang und die Vermarktung sowie die After-Sales-Aktivitäten. Unterstützende Aktivitäten, die dadurch gekennzeichnet sind, dass sie während des gesamten Wertschöpfungsprozesses notwendig sind und eine Auswirkung auf die oben genannten einzelnen Primäraktivitäten haben, ergänzen das Konstrukt. Zu diesen unterstützenden Aktivitäten wird die Beschaffung, die Entwicklung von Technologien, das Personalmanagement und die Infrastruktur des Unternehmens gezählt. Welcher dieser Kategorien für den Wettbewerbsvorteil die entscheidende Bedeutung zukommt, kann dabei je nach Branche, Unternehmen und Unternehmensumwelt variieren *(vgl Bach et al. 2003: 13ff)*.

4.2.2 Teilnehmermodell

Nach der Betrachtung der notwendigen Wertschöpfungsaufgaben folgt unmittelbar die Frage nach den beteiligten Aufgabenträgern. Im Rahmen des sogenannten Teilnehmermodells wird daher untersucht, wer in welcher Form an der Wertschöpfung beteiligt sein soll. Bei der Analyse ist unverkennbar, dass zwischen dem Prozessmodell einerseits und dem Teilnehmermodell andererseits Wechselwirkungen bestehen. So benötigen spezifische Aktivitäten in der Wertschöpfungskette das Mitwirken spezialisierter Partner. Auswirkungen auf das Teilnehmermodell haben insbesondere die Steuerungs- und Koordinationsformen des zugrunde liegenden Wertschöpfungsnetzwerks. Für eine Koordination sind aus organisatorischer Sicht spezielle Organe wie beispielsweise definierte Instanzen und ausgewiesene Leitungsstellen von Nöten. Diese gilt es im Teilnehmermodell entsprechend zu verankern, um die Funktionsfähigkeit des Systems sicher zu stellen. An dieser Stelle werden die Wechselbeziehungen, die zwischen den im Teilnehmermodell auftretenden Koordinationsstellen einerseits und den Koordinationsmechanismen des Transaktionsmodells andererseits deutlich (vgl. Bach et al. 2003: 14).

4.2.3 Transaktionsmodell

Durch das Aufteilen der Wertschöpfungskette in einzelne Aktivitäten lassen sich Synergie-, Speizialisierungs- und Effizienzgewinne erzielen. Erfolgspotenzial liegt deshalb in der zielorientierten Koordination der Aktivitäten der beteiligten Wertschöpfungspartner. Die hierzu eingesetzten Koordinationsmechanismen, als auch die Art und Weise, wie die Wertschöpfungspartner zusammenfinden, beinhaltet das Transaktionsmodells *(vgl. Bach et al. 2003: 15f).* Als Koordinationsmechanismen können hierarchische, marktliche und heterarchische Mechanismen in unterschiedlichem Ausmaß zum Einsatz kommen. Für eine detaillierte Analyse der Wertschöpfungskette müssen alle Formen der Koordination betrachten werden. Dazu zählen Beispielsweise unterschiedliche Entscheidungsmechanismen und Regelwerke, Planabstimmung und -vorgabe, Personalrotation, Kommunikation und Anreizsysteme aber auch die Selektion der Partner und Sanktionen bei Fehlverhalten *(vgl. Grandori / Soda 1995, S. 193ff.).*

4.2.4 Erlösmodell

Das Erlösmodell, als letzter Teil der Betrachtung der Geschäftsmodellkomponenten, beinhaltet die vielleicht wichtigste Frage für den Erfolg eines Geschäftsmodells: Wie werden Erlöse erzielt und Überschüsse unter den beteiligten Wertschöpfungspartnern aufgeteilt *(vgl. Bach et al. 2003: 12)*? Dabei werden unter Erlösen neben zahlungswirksamen Vorgängen auch die aus der Arbeitsteilung und Spezialisierung resultierenden Einsparungen verstanden, die zwischen den Teilnehmern verrechnet und aufgeteilt werden. Diese Erlöse sind in der Regel direkt an die Aktionen der Teilnehmer und deren Wertschöpfungsbeiträge gekoppelt. Dadurch wird ein direkter Zusammenhang zwischen Erlös- und Transaktionsmodell deutlich. Dabei hängt es zentral von der Struktur des Teilnehmermodells ab, welche Erlösformen möglich sind *(vgl. Bach et al. 2003: 15)*.

Eine Aufteilung in diese vier Teilmodelle ermöglicht ein transparentes Beschreibungs- und Analyseraster für Geschäftsmodelle, ohne im Vorfeld eine Einschränkung auf bestimmte Aspekte vorzunehmen. Dem Betrachter bleibt genügend Freiraum, die einzelnen Teilmodelle - entsprechend des verfolgten Untersuchungsziels - detaillierter oder weniger detailliert zu betrachten und somit den spezifischen Gegebenheiten der individuellen Untersuchung gerecht zu werden *(vgl. Bach et al. 2003: 12)*.

5. Analyse Digitaler Geschäftsmodelle

Ein Verständnis der spezifischen Charakteristika ist bei der konsequenten Analyse von Geschäftsmodellen unabdingbar – so wie auch für ein nachhaltiges Management der spezifischen Geschäftsmodelle. Zu diesem Zweck entwickelte Wirtz eine auf die digitale Ökonomie abgestimmte Geschäftsmodelltypologie. Damit diese Typologie eine ausreichende Orientierungs-, Differenzierungs- und Klassifizierungsmöglichkeit bieten kann, müssen die Geschäftsmodelle innerhalb ihrer Kategorie relativ homogen und zwischen den unterschiedlichen Kategorien möglichst heterogen sein *(vgl. Im Folgenden Wirt / Kleineicken 2000: 628ff; Wirtz / Loscher 2001: 451ff; Wirtz / Becker 2002: 85ff)*. Für den Business-to-Consumer-Bereich (B2C-Bereich) lassen sich die Geschäftsmodelle der Unternehmen entlang des Leistungsangebots kategorisieren. So können nach *Wirtz (2013: 276f)* die vier Basis-Geschäftsmodelle Content, Commerce, Context und Connection definiert werden. Diese Kategorien werden auch als 4C-Net-Business-Model bezeichnet und stellen überblicksartig die relevantesten digitalen Geschäftsmodelle dar.

Content
- Kompilierung (Packaging)
- Darstellung und
- Bereitstellung von Inhalten
- auf einer eigenen Plattform

Commerce
- Anbahnung
- Aushandlung und/oder
- Abwicklung von Geschäftstransaktionen

Context
- Klassifikation und
- Systematisierung von im Internet verfügbaren Informationen

Connection
- Herstellung der Möglichkeit eines Informationsaustausches in Netzwerken

Abbildung 7: 4C-Net-Business-Modell. Quelle: Wirtz (2013) S. 277

Diese vier Geschäftsmodelltypen werden im Weiteren zunächst am Beispiel der jeweiligen B2C-Beziehungen erläutert. Dabei werden die einzelnen Geschäftsmodelle des 4C-Net-Business-Models mit ihren relevantesten Unterkategorien dargestellt.

5.1.1 Content-Geschäftsmodelle

... bestehen aus der Sammlung, Selektion Systematisierung, Kompilierung und Bereitstellung von Inhalten auf einer eigenen Plattform und verfolgen dabei das Ziel, den Nutzern Inhalte einfach, bequem und visuell ansprechend aufbereitet, online zugänglich zu machen. Die dabei angebotenen Inhalte können informierender, unterhaltender oder bildender Natur sein. Im Rahmen von Content-Geschäftsmodellen trifft man hauptsächlich auf indirekte Erlösmodelle wie Provisionen, Werbung und Sponsorship *(vgl. Wirtz / Kleineicken 2000: 630f)*.

5.2 Commerce-Geschäftsmodelle

... umfassen die Anbahnung, Aushandlung und-/ oder Abwicklung von Geschäftstransaktionen mit dem Ziel, traditionelle Phasen der Transaktion durch das Internet zu unterstützen (Vermarktung von Services und Produkten) oder gar zu substituieren. Im Rahmen von Commerce-Geschäftsmodellen findet man transaktions-abhängige, direkte und indirekte Erlösmodelle wie etwa Transaktions- und Nutzungsgebühren oder Provision *(vgl. Wirtz / Kleineicken 2000: 631f)*.

5.3 Context-Geschäftsmodelle

... behandeln die Klassifikation und Systematisierung der im Internet verfügbaren Informationen. Die dabei angebotenen Funktionen lassen sich in die Kategorien Suchmaschinen, Webkataloge und Bookmarkingdienste unterteilen. Neben der im Internet unerlässlichen Navigationshilfe für den Nutzer verfolgen Contextanbieter das Ziel der Komplexitätsreduktion. Bei Context-Geschäftsmodellen findet man in erster Linie indirekte Erlösmodelle wie Provisionen oder Werbung *(vgl. Wirtz 2010: 275)*.

5.4 Connection-Geschäftsmodelle

... behandeln den Informationsaustausch in Netzwerken. Dadurch werden virtuelle Interaktionen von Akteuren ermöglicht, die Aufgrund der Höhe der Transaktionskosten oder wegen Kommunikationsbarrieren in der physischen Welt nicht realisierbar wären. Dabei kann dieser Informationsaustausch technischer (z.B. Internet Service Provider), kommerzieller (z.B. SAP Community Network) oder aber rein kommunikativer (z.B. Facebook) Natur sein. Im Rahmen dieses Geschäftsmodells sind sowohl direkte als auch indirekte Erlösmodelle anzutreffen *(vgl. Wirtz / Kleineicken 2000: 6333).*

Auf Grundlage dieser Klassifikation soll im Folgenden Kapitel das Geschäftsmodell der Fahrdienstleistungsplattform Uber analysiert und mit klassischen Taxiunternehmen verglichen werden. In die Analyse fließen die Kernaktivitäten und das Kundensegment sowie das Wertangebot und Ressourcen als Parameter ein. Außerdem wird das zu Grunde liegende Erlösmodell herausgearbeitet und die Kostenstruktur des Unternehmens untersucht.

Uber Technologies Inc. wurde im Jahre 2009 von Garrett Camp und Travis Kalahnick in San Francisco gegründet. Hierbei handelt es sich um eine Plattform zur Vermittlung von Fahrdienstleistungen zwischen Fahrgästen und privaten Fahrern. Dem Unternehmen wird zugetraut, weltweit die Auto-Mobilität umzukrempeln. Interessant ist dabei, dass Uber selbst als das inzwischen weltgrößte "Taxiunternehmen" über keinerlei Fahrzeuge verfügt und keine Fahrerinnen und Fahrer beschäftigt. Mittlerweile ist Uber in über 60 Ländern vertreten und vermittelt dabei täglich mehr als eine Million Fahrten. An Uber beteiligt sind nach eigenen Angaben die Investoren Benchmark Capital, Goldman Sachs, Google Ventures, First Round Capital, Menlo Ventures und Lowercase Capital. In der aktuellen Finanzierungsrunde wurden 6 Milliarden US-Dollar eingesammelt. Dadurch erhöht sich die Unternehmens-bewertung auf 66 Milliarden US-Dollar. Das ist mehr als das Bruttosozialprodukt von 60 Prozent aller Nationen der Erde (vgl. Newcomer, Eric 2015; Oberndorf, Elisabeth 2015).

Ubers Aufgabe als Plattformbetreiber ist es, zwei oder mehrere Kundengruppen – in diesem Fall Fahrer und Nutzer – zusammenzubringen. Statt wie herkömmliche Unternehmen Produktionsmittel zu erwerben, aus diesen etwas herzustellen und die Produkte anschließend zu vertreiben, arbeiten Plattformen wie Uber mit dem Zugang zu einer bestimmten Zielgruppe. Dafür werden Teilnehmer auf beiden Seiten der Nutzergruppen – im Fall Uber also Fahrer und Mitfahrer – rekrutiert. Sie stellen sozusagen die Produktionsmittel dar, durch die sie Ihre Dienstleistungen erst verkaufen können beziehungsweise ihren Vermittlungs-service betreiben (vgl. Evans, David S. / Schmalensee, Richard 2016).

Um die notwendige kritische Masse der beiden Teilnehmer-gruppen zu erreichen, liegt der Fokus von Uber auf der stetigen Weiterentwicklung der Plattform. Außerdem wird in Marketing-maßnahmen investiert, um die Bekanntheit des angebotenen Service weiter auszubauen. Die Neukundenakquise, welche sich in Business-to-Business (Fahrer) und Business-to-Consumer (Nutzer) unterteilt, spielt offensichtlich eine besonders wichtige Rolle.

In das Kundensegment der Nutzer fallen Personen, die selbst kein Auto besitzen und aus diesem Grund auf das Angebot öffentlicher Verkehrsmittel angewiesen sind, aber beispielsweise auch Besucher einer Veranstaltung die nicht selber, sondern kostengünstig dorthin gefahren werden möchten. Daneben richtet sich der angebotene Service auch an das Segment der Fahrer. "UberPop" bietet als technische Applikation privaten Personen, die Möglichkeit, mit dem eigenen Fahrzeug, Geld als sogenannter Partner zu verdienen. Damit vermittelt Uber anders als traditionelle Taxi-Unternehmen mit seinem Angebot auch Mitfahr-gelegenheiten zwischen Privatpersonen. "UberX" richtet sich an lizensierte Fahrer die über einen Führerschein zur

Fahrgastbeförderung besitzen. "Uber-Taxi" macht dem herkömmlichen Taxi-betrieben direkte Konkurrenz und bei "UberBlack", "SUV" oder "Lux" können die Kunden eine Limousine, ein SUV oder einen Luxuswagen mit dem dazugehörigen Fahrer anmieten.

Auf den ersten Blick, sind die Geschäftsmodelle von Uber und den traditionellen Taxiunternehmen gar nicht so verschieden. In beiden Fällen werden Fahrgäste von A nach B befördert. Doch geht Uber in den Bereichen der Schlüsselressourcen und den Kundenkanälen völlig neue Wege.

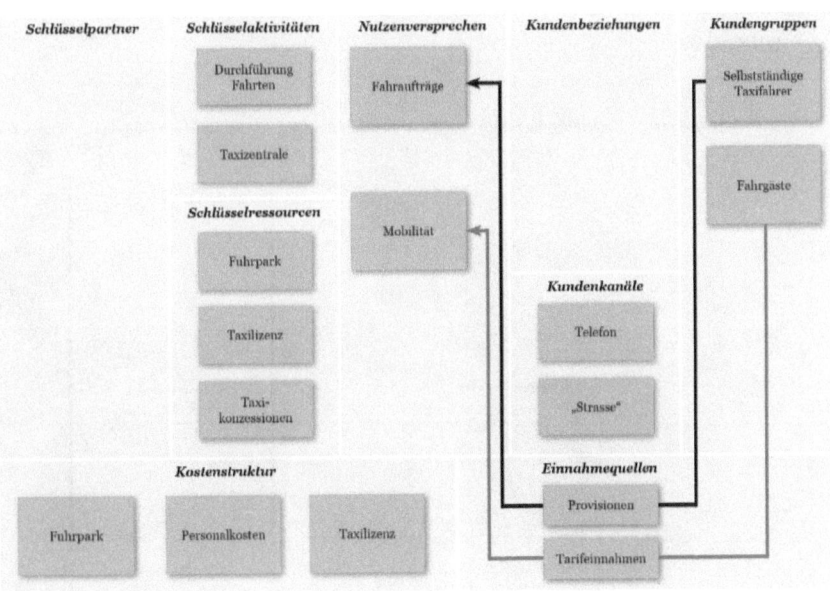

Abbildung 8: Klassisches Geschäftsmodell eines Taxibetriebs. Quelle: Kofler, Gewinner (2016)

So wurden in Deutschland bislang in der Regel mittels einer Taxizentrale der Großteil der Taxifahrten vermittelt. In diesen sind die Fahrer und Unternehmer genossenschaftlich organisiert. Dieses Verfahren ist für die Fahrgäste als durchaus umständlich zu bezeichnen: unterschiedliche Rufnummern, besetzte Leitungen und Verständigungs-probleme sind nur einige der Hindernisse, die mit dieser Organisationsform verbunden sind. Darüber hinaus besteht eine gewisse Unsicherheit, ob ein erteilter Auftrag wirklich angenommen worden ist, man kann nicht nachvollziehen, wo sich das Taxi gerade befindet und ob der Taxifahrer beispielsweise Umwege fährt, etc (vgl. Daum, Timo 2016). Doch im Zuge des technologischen Wandels und dabei zentral mit dem Aufkommen von Smartphones entstanden neue Möglichkeiten der Fahrtvermittlung, was sich Uber zu Nutze machte.

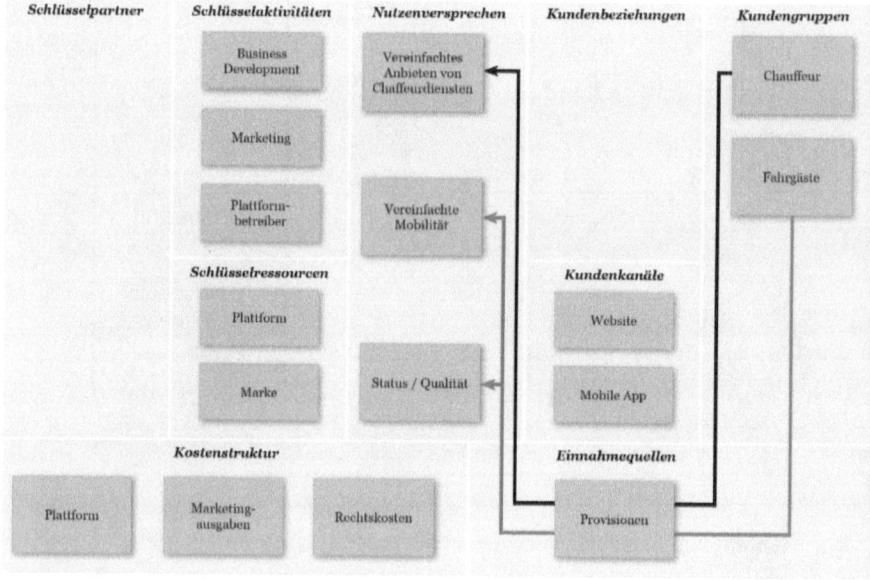

Abbildung 9: Das Geschäftsmodell von Uber. Quelle: Kofler, Gewinner (2016)

Das Besondere am Geschäftsmodell von Uber ist, dass der gesamte Servicevorgang von der Wagenbestellung bis zur Bezahlung per Smartphone-App abgewickelt wird. Mit der App ist es für den Nutzer möglich, mit nur einem Fingertipp einen Fahrer zum eigenen Standort zu bestellen. Gleichzeitig erfährt er dabei nicht nur, wo sich das Uber-Auto gerade befindet, sondern auch, wie lange die Fahrt voraussichtlich dauern und was sie kosten wird (vgl. Krüger, Andrea 2014). Genauso einfach wie die Buchung eines Fahrers gestaltet sich auch die Bezahlung am Ende der Fahrt. Diese erfolgt ohne Bargeld automatisch über die hinterlegten Kreditkarten-Daten oder über das mit der App verknüpfte PayPal- oder Google Wallet-Konto, so dass im Gegensatz zu herkömmlichen Taxis kaum technische Ausrüstung für die Fahrzeuge notwendig wird. Dies führt zu sinkenden Transaktionskosten zwischen Fahrern und Fahrgästen. Außerdem erhöht sich die Transparenz der Entlohnung der Fahrer – sie erhalten wöchentliche Überweisungen, was Tendenzen zur Verschleierung von Einnahmen und Manipulation von Preisen vorbeugt, die ein offensichtliches Problem im Taxigewerbe zu sein scheinen (vgl. Neumann 2013).

Doch nicht nur mit ihrer Schnelligkeit und Unkompliziertheit sollen die Uber-Angebote bei den Nutzern punkten: die mit der Uber-App gebuchten Fahrten sind zudem in der Regel günstiger als Fahrten mit einem herkömmlichen Taxi – nach Angaben des Unternehmens liegen die Preise etwa 30 bis 40 Prozent tiefer. In einem Test der schweizer Fernsehsendung "10 vor 10" aus dem Jahre 2014, lag Uber in Zürich sogar 42 Prozent unter dem Preis eines regulären Taxis (vgl. Krüger, Andrea 2014).

Die Uber-Tarife werden über eine Auktion in Echtzeit bestimmt und variieren deshalb stark: bei hoher Nachfrage und niedrigem Angebot – etwa zu Silvester – können die Preise allerdings deutlich steigen, zum Teil um 50 bis 300 Prozent. Das sorgte bereits für viel Kritik (vgl. Wien ORF 2016).

Uber verdient bei jeder vermittelten Fahrt mit. Eine typische Kalkulation für den Fahrer sieht beispielsweise so aus: von einem Fahrpreis von 20 US-Dollar geht pauschal ein US-Dollar an Uber, vom Restbetrag noch einmal eine Provision in Höhe von 20 Prozent. Im Jahr 2015 verzeichnete das Unternehmen Fahrtbuchungen im Wert von Insgesamt 11 Milliarden US-Dollar (vgl. Daum, Timo 2016).

Ein wesentlicher Erfolgsfaktor von Uber ist der Preis. Uber erzielt diesen Vorteil unter anderem dadurch, dass beispielsweise die in Deutschland üblicherweise geltenden Bestimmungen für angemeldete gewerbliche Personenbeförderung umgangen werden. Zu diesen Bestimmungen gehören beispielsweise eine jährliche Hauptuntersuchung des Fahrzeugs, der obligatorische, regelmäßig zur Eichung vorzuzeigende Fahrpreisanzeiger, die kalkulatorisch zu berücksichtigenden Wartezeiten eines ausschließlich zur Personen-beförderung vorgehaltenen Fahrzeugs mit Fahrer, wenn kein Fahrauftrag vorliegt, die Nutzung von Quittungsblöcken, eine vorgeschriebene Alarmanlage im Fahrzeug und regelmäßige gesundheitliche Eignungsuntersuchung der gewerblichen Fahrer (vgl. Daum, Timo 2016).

Bei diesen hohen Fixkosten für eine – teilweise stehende – Flotte bei herkömmlichen Taxiunternehmen wird das wirtschaftliche Potenzial von Vermittlungsdiensten deutlich, die dabei dennoch über ein dichtes Netz an Fahrern verfügen (vgl. Pabst, Volker 2014). Da die Fahrtenvermittlung ausschließlich durch eine Smartphone-App erfolgt und nicht durch kostspieligere Fahrtvermittlungssysteme, wie bei manchen Taxizentralen, ergeben sich weitere Kostenvorteile.

Uber legt die Regeln für die Geschäftsbeziehungen fest. Dazu zählen unter anderem die zulässigen Autotypen, Fahrpreise, der Bezahlvorgang und ein transparentes Bewertungssystem der Fahrer. Um sich in neuen Städten zu etablieren, muss das Unternehmen weder den eigenen Fuhrpark erweitern noch eigene Fahrer rekrutieren, sondern kann mit vergleichsweise geringem Aufwand seine Plattform auf die neuen Städte ausrollen. Diese Flexibilität ermöglichte eine schnelle und aggressive Expansion rund um den Globus, wie es es sie kaum zuvor gegeben hat. Insgesamt tritt das Unternehmen am Markt sehr aggressiv auf und ist nicht zuletzt deswegen weltweit in zahlreiche Rechtsstreitigkeiten verwickelt, insbesondere mit der klassischen Taxibranche.

6. Schlusswort

Die Verbreitung des Internets, als ein wesentlicher Treiber der Digitalisierung, hat zweifellos große Möglichkeiten für neue Geschäftstätigkeiten geschaffen. Als Folge dessen verlagert sich die Geschäftstätigkeit mehr und mehr in die virtuelle Welt, womit Lieferanten, Kunden und Unternehmen stärker vernetzt werden. Diese Entwicklung wird zugleich von einem stärker werdenden Wettbewerb und einer beschleunigten Veränderung des Technologiewandels begleitet. Die in Kapitel 2.1 angeführten Studien verdeutlichen, dass diese Veränderungen die Marktmechanismen weltweit schon heute auf eine neuartige Weise beeinflussen.

Eine enge Definition der Digitalisierung, die von einer Überführung von Daten und Informationen aus der analogen in die digitale Welt spricht, greift zu kurz. Vielmehr geht es bei der Digitalisierung eines Unternehmens um eine Veränderung von Geschäftsmodell, Strategie und Zukunftsorientierung durch den Einsatz von moderner Informations- und Kommunikationstechnologie. In diesem Zusammenhang verstehen sich die Begriffe "Informations- und Kommunikationstechnologie" als Oberbegriffe für Informations- und Datenverarbeitung, die mittels Hard- und Softwarekomponenten Kommunikation und Datenübertragung über Netzwerke ermöglicht. In Kapitel 2.1 wird darauf basierend deutlich, dass Unternehmen ihren Betrieb und ihre Prozesse dem schnelllebigen Umfeld anpassen müssen, damit sie auch in Zukunft dem Wettbewerb standhalten können.

Hierfür bietet das in Kapitel 2.2 vorgestellte Konzept des Geschäftsmodells ein übergreifendes Rahmenwerk, mit dem neuartige Methoden strategisch analysiert, strukturiert und entworfen werden können *(vgl. Osterwalder / Pigneur 2013)*. Obwohl es sich hierbei um ein noch relativ junges Forschungsgebiet handelt, hat es im letzten Jahrzehnt international zunehmend an Beachtung gewonnen. Es wurde aufgezeigt, dass der Begriff "Geschäftsmodell" wissenschaftlich noch nicht eindeutig abgegrenzt und fundiert ist - insbesondere fehlt bisher ein einheitliches theoretisches Fundament. Trotz dieser berechtigten Kritik am aktuellen Stand der Forschung, erlaubt das Konstrukt des Geschäftsmodells ein besseres Verständnis für die Veränderungen für Unternehmen und ihre Umwelt, die heute mit dem Begriff der Digitalisierung beschrieben werden.

In Kapitel 4 wurden neben den Geschäftsmodellebenen nach *Wirtz (2010)* die unterschiedlichen Komponenten eines Geschäftsmodells vorgestellt. Eine solche Ermittlung der jeweiligen Komponenten erfolgt sowohl aus einer internen als auch externen Perspektive. Die interne Perspektive ermittelt die Kernkompetenzen eines Unternehmens: Aufbauend auf den unternehmenseigenen Ressourcen wird der Wertschöpfungscharakter in den Mittelpunkt gerückt. Die externe Perspektive ist ein guter Ansatz zur Konkurrenzanalyse und der eigenen Verortung im Geschäftsumfeld. Somit eignet sich das Geschäftsmodell insbesondere als Analyseinstrument und ermöglicht dabei Aussagen über Prozesse, Finanzströme und kritische Erfolgsfaktoren. Daraus wird deutlich, dass ein Geschäftsmodell der

Umsetzung von Wettbewerbsstrategien dient, und nicht – wie oft angenommen – die Strategie Teil des Geschäftsmodells ist *(vgl Bach et al. 2003: 34)*.

Als digital ist das Geschäftsmodell eines Unternehmens im Rahmen der vorliegenden Arbeit dann zu bezeichnen, wenn Veränderungen digitaler Technologien mit fundamentalen Auswirkungen auf die Durchführung des Geschäftsbetriebes sowie auf die generierten Einnahmen eines Unternehmens einhergehen. *Venkatraman (1994)* bezeichnet diese Entwicklung als vierte und fünfte Ebene der IT-getriebenen Unternehmenstransformation. Im Rahmen der Recherche konnten digitale Geschäftsmodelle vor allem in der Handels-, Finanzdienstleistungs-, Medien- sowie Logistikbranche und bei sogenannten „Online-Only"-Firmen gefunden werden.

Bei genauer Betrachtung lässt sich feststellen, dass diese digitalen Unternehmen schon heute eine Vielzahl von traditionellen Branchen für sich erschlossen haben und dort zu ernstzunehmenden Wettbewerbern für die Vertreter der "klassischen" Unternehmen geworden sind. In manchen Fällen drohen sie ihre analogen Vorgänger sogar gänzlich vom Markt zu verdrängen. Die "digitalen Riesen" Apple, Alphabet, Facebook und Amazon sind dabei derart mächtig geworden, dass manche Beobachter bereits von einem Monopol sprechen. Das in Kapitel 5 untersuchte Unternehmen Uber wurde auch deshalb so groß und erfolgreich, weil es im Kern um Innovation geht. Um echte Innovation – in der ursprünglichen (ökonomischen) Definition des Wortes:

"Innovation: Realisierung einer neuartigen, fortschrittlichen Lösung für ein bestimmtes Problem, besonders die Einführung eines neuen Produkts oder die Anwendung eines neuen Verfahrens". (vgl. Duden Online)

Fortschrittlich werden Probleme der Kunden gelöst und dadurch echter Mehrwert geboten. Um dies zu erreichen, müssen Unternehmen sich fortlaufend neu erfinden. Stillstand kann tödlich sein. Dies wurde einleitend am Beispiel von Kodak verdeutlicht. Doch reicht es nicht aus, dem Kunden ein innovatives Produkt oder eine innovative Dienstleistung zu bieten. Wahrhaftig innovative Unternehmen sind ganzheitlich fortschrittlich, entlang ihrer gesamten Wertschöpfungskette.

Vor diesem Hintergrund stellt sich die Frage, wie dies gelingen kann. Um diese Frage zu beantworten, hilft das in Kapitel 2.3 vorgestellte Konzept der Erfolgsfaktorenforschung. Zu den vorgestellten klassischen Parametern der PIMS-Studie zählen "Marktanteil", "Investmentintensität", "Produktvielfalt", "Marktwachstum", "Produktqualität", "Produktdifferenzierung", "vertikale Integration" und "Kostenposition". Doch wenn wir noch einen Schritt vorher ansetzen, erkennen wir, dass sich die digitalen Vorreiter umfassend und unternehmensweit nach ihrem Kunden und seinen Bedürfnissen ausrichten – durch alle Unternehmensebenen hindurch. Es gelingt ihnen, ihre Mitarbeiter kreativ und eigenmotiviert arbeiten zu lassen. Sie minimieren ausbremsende Bürokratie und schaffen dadurch Freiräume für innovative Ansätze. In ihren modernen Büros arbeiten Programmierer, Strategen, Kreative und Marketer ganz selbstverständlich an einem Tisch. Klassische Abteilungs-Silos gibt es kaum. Und statt vieles halbherzig zu tun, konzentrieren sich diese Unternehmen auf ihre jeweiligen Kernkompetenzen und optimieren diese ständig. Ihr dadurch erlangtes Expertenwissen versuchen sie anschließend auf unerforschte Gebiete zu übertragen. Darin liegt u.a. ein Grund, warum Alphabet (Google) zwar massiv im Bereich des autonomen Fahrens forscht, jedoch selbst kein Autobauer werden will. Ähnliches gilt für die Smartphone-Sparte von Alphabet.

Diese innovativen, zielgerichteten Ansätze sind nur einige der Gründe, warum Alphabet, Facebook, Dropbox, Amazon und Uber – gemessen an ihrer Marktkapitalisierung - gemeinsam weit mehr wert sind, als alle 30 DAX-Konzerne zusammen. Es ist ihnen gelungen, trotz ihrer Größe und ihres Milliarden-Gewichts, flexibel zu bleiben. Sie arbeiten wie unverbrauchte Start-ups und sind bahnbrechend erfolgreich damit.

Diese Entwicklungen zwingen alle – Politik, Wirtschaft, Wissenschaft und Gesellschaft – sich neu auszurichten und dabei ggf. ihre etablierten und in der vor-digitalen Welt durchaus erfolgreichen Methoden zu ändern. Während in den USA und Asien die großen digitalen Unternehmen mit ihren Erfolgsgeschichten und ihrer Entwicklungsdynamik für ein Umdenken sorgen, verlassen sich viele deutsche Unternehmen vielleicht noch zu sehr auf ihre klassischen industriellen Stärken. Dabei verkennen sie die Veränderungskraft der Digitalisierung und halten die eigenen Stärken für unverwundbar *(vgl. Münchener Kreis 2014: 30).* "In Analogie zum griechischen

Helden Achilles, dessen letzter Kampf im Glauben an seine Unverwundbarkeit tödlich ausging, da es eben doch eine verwundbare Stelle gab, lässt sich in der Digitalisierung mit all ihren Konsequenzen eine Art Achillesferse der Wirtschaft erkennen" *(vgl. Münchener Kreis 2014: 30)*. Denn die Welt verändert sich mit zunehmender Digitalisierung und mit ihr wandeln sich ökonomische Grundsätze. "Statt Pareto gilt Long Tail, Free ist die neue Zauberformel für Endkundenpreise und die Großen fressen nun nicht mehr die Kleinen, sondern die Schnellen die Langsamen" *(Hoffmeister 2013: 1)*. Diesen aufkommenden Herausforderungen müssen sich Unternehmen – gleich welcher Größe und Branche – stellen. Ansonsten werden es innovative, agile und flexible Unternehmen aus neuen Branchen und anderen Ländern tun *(vgl. Esser 2014)*.

Das Konstrukt des Geschäftsmodells bietet, wie dieses Handbuch zeigen konnte, für die eigene Unternehmensanalyse, die Umfeldanalyse und die Entwicklung einer zukunftsweisenden Unternehmensstrategie ein hilfreiches Instrument. Es entsprechend anzuwenden liegt in der Verantwortung jedes einzelnen Unternehmens.

Abbildungsverzeichnis

Abbildung 1	Marktdurchdringungszeiten neuer Technologien	10
Abbildung 2	Abhängigkeiten des Geschäftsmodells vom Internet	16
Abbildung 3	Methoden der Erfolgsfaktorenforschung	28
Abbildung 4	Ebenen von Geschäftsmodellen	35
Abbildung 5	Geschäftsmodellkomponenten	38
Abbildung 6	Wertschönpfungskette der Unternehmensaktivitäten	39
Abbildung 7	4C-Net-Business-Modell	44
Abbildung 8	Klassisches Geschäftsmodell eines Taxibetriebs	49
Abbildung 9	Das Geschäftsmodell von Uber	50

Literaturverzeichnis

Aichele, Christian / Schönberger, Marius (2016): E-Business. Eine Übersicht für erfolgreiches B2B und B2C. Wiesbaden: Springer Fachmedien.

Al-Debei, M. M. / Avison, D. (2010): Developing a Unified Framework of the Business Model Concept, European Journal of Information Systems (19:3).

Amazon Web Services. Unter: https://aws.amazon.com/de [10.10.2016]

Bach, Norbert / Buchholz, Wolfgang / Eichler, Bernd (2003): Geschäftsmodelle für Wertschöpfungsnetzwerke. Wiesbaden: Betriebswirtschaftlicher Verlag Gabler.

Bächle, Michael / Lehmann, Frank R. (2010): E-Business. Grundlagen elektronischer Geschäftsprozesse im Web 2.0. Aus der Reihe: Wirtschaftsinformatik. München: De Gruyter Oldenbourg.

Bea, Franz Xavier / Haas, Jürgen (2009): Strategisches Manage-ment, 5. Auflage. Stuttgart: UTB

Beck, Astrid / Mörike, Michael / Sauerburger, Heinz (Hrsg.) (2007): Web 2.0. Aus der Reihe: HMD – Praxis für Wirtschafts-informatiker Heidelberg: Dpunkt-Verl.

Bettis, R. A. (1998): Commentary on „Redefining Industry Structure for the Information Age" by J.L. Sampler. Strategic Management Journal, Vol. 19.

Bettis, Richard A. (1998) Commentary on 'Redifining Industry Structure for the Information Age' by J. L. Sampler, in: Strategic Management Journal, Vol. 19, No. 4

Bettis, Richard A. / Hitt, Michael A. (1995): The new competitive landscape. In: Strategic Management Journal Vol. 16. Summer Special Issue

Bieger, T. / Reinhold, S. (2011): Innovative Geschäftsmodelle: Konzeptionelle Grundlagen, Gestaltungsfelder und unternehmer-ische Praxis. In: Bieger, T / zu Knyphausen-Aufseß, D.: Innovative Geschäftsmodelle

Bieger, Thomas / zu Knyphausen-Aufseß, Dodo / Kyrs, Christian (Hrsg.)(2011): Innovative Geschäftsmodelle. Konzeptionelle Grundlagen, Gestaltungsfelder und unternehmerische Praxis. Heidelberg u.a.: Springer

Bitkom (2015a): 44 Millionen Deutsche nutzen ein Smartphone. [25.03.2015]. Unter: https://www.bitkom.org/Presse/Presseinformation/44-Millionen-Deutsche-nutzen-ein-Smartphone.html [30.10.2016].

Bitkom (2015b): Digitalisierung verändert die gesamte Wirtschaft. [15.03.2015]. Unter: https://www.bitkom.org/Presse/Presseinformation/Digitasierung-veraendert-die-gesamte-Wirtschaft.html [30.10.2016]

Böing, Christian (2001): Erfolgsfaktoren im Business-to-Consumer-E-Commerce. Wiesbaden: Betriebswirtschaftlicher Verlag Gabler.

Booz / Allen / Hamilton (2000): 10 Erfolgsfaktoren im e-business: Die Strategien der Gewinner. Eine Analyse der Geschäftsansätze im Internet. Frankfurt am Main: FAZ-Institut für Management-, Markt- und Medieninformationen.

Clement, Reiner (2013): Internet-Ökonomie. Grundlagen und Fallbeispiele der vernetzten Wirtschaft. 2., vollst. Überarb. Und erw. Auflage Berlin [u.a.]: Springer Gabler.

com professional (2015): Dropbox Business Cloud-Speicher im Test. [24.07.2015]. Unter: http://www.com-agazin.de/praxis/test/dropboxbusiness-cloud-speicher-im-test-968703.html [30.11.2016]

Computerwoche (2016): Google-Mutter Alphabet löst Apple als wertvollstes Unternehmen ab. [02.02.2014]. Unter: http://www.computerwoche.de/a/google-mutter-alphabet-loest-apple-als-wertvollstes-unternehmen ab,3222759,2 [30.11.2016]

Computerworld (2016): Dropbox mostly quits Amazon cloud, takes back 500 PB of data. [15.03.2016]. Unter: http://www.computerworld.com/article/3044261/cloud-computing/dropbox-quits-amazon-aws-s3-itbwcw.html [05.12.2016]

Daum, Timo (2016): Share a Ride. Uber und die Zukunft der Mobilität. Understanding Digital Capitalism II | Teil 5 [18.07.2016]. Unter: http://dasfilter.com/gesellschaft/share-a-ride-uber-und-die-zukunft-der-mobilitaet-understanding-digital-capitalism-ii-teil-5 [10.12.2016]

Deloitte Digital und Heads! (2015): Überlebensstrategie „Digital Leadership". [13.03.2015]. Unter: https://www2.deloitte.com/de/de/pages/presse/contents/ueberlebensstrategie-digital-leadership.html [20.11.2015]

Domschke, Wolfgang / Scholl, Armin (2003): Grundlagen der Betriebswirtschaftslehre. Eine Einführung aus entscheidungs-orientierter Sicht. Berlin: Springer Verlag

Dropbox Business Unter: https://www.dropbox.com/business/pricing [30.11.2016]

Dropbox Unter: https://www.dropbox.com/de/help/54 # [30.11.2016]

Duden Online Unter: http://www.duden.de/rechtschreibung/Innovation [05.12.2016]

Esser, Marc R. (2014): Chancen und Herausforderungen durch digitale Transformation. [07.07.2014]. Unter: http://www.strategy-transformation.com/digitale-transformation-verstehen/ [28.10.2016]

Evans, David S. / Schmalensee, Richard (2016): Was unterscheidet Plattformen von traditionellen Unternehmen? [14.06.2016]. Unter: http://www.harvardbusinessmanager.de/blogs/was-unterscheidet-plattformen-von-traditionellen-unternehmen-a-1102862.html [30.11.2016]

Facebook Investor Relations (2016): Latest Community Stats. Unter: https://investor.fb.com/home/default.aspx [30.11.2016]

Facebook Reports Second Quarter 2016 Results. [27.07.2016] Unter: https://s21.q4cdn.com/399680738/files/doc_financials/2016/Facebook-Reports-Second-Quarter-2016-Results.pdf [30.11.2016]

Fink, Dietmar / Köhler, Thomas / Scholtissek, Stephan (2004): Die dritte Revolution der Wertschöpfung: Mit Co-Kompetenzen zum Unternehmenserfolg. München: Econ-Verlag.

Frank, Klaus / Kerp, Jens / Globisch, Frank (2001): Die Veränderung von traditionellen Wertschöpfungsketten zu neuen Geschäftsmodellen durch E-Business oder E-Commerce. Aachen: Shaker.

Gassmann, Oliver / Frankenberger, Karolin / Csik, Michaela (2013): Geschäftsmodelle entwickeln. 55 innovative Konzepte mit dem St. Galler Business Model Navigator. München: Hanser.

George, G. / Bock, A. J. (2011): The business model in practice and its implications for entrepreneurship research. Entrepreneurship, Theory and Practice 35(1).

Google-Nutzungsbedingungen 2012 [01.03.2016]. Unter https://www.google.com/intl/de/policies/terms/archive/20120301/ [19.11.2016]

GoogleWatchBlog (2015): Google Quartalszahlen 1/2015: Umsatz um 12 Prozent auf 17,3 Milliarden Dollar gestiegen. [24.03.2015].
Unter: http://www.googlewatchblog.de/2015/04/google-quartalszahlen1-umsatz-prozent/ [19.11.2016]

GRÜNING, R. / HECKNER, F. / ZEUS, A. (1996): Methoden zur Identifikation strategischer Erfolgsfaktoren. In: Die Unter-nehmung 50 (1).

HAENECKE, H. (2002): Methodenorientierte Systematisierung der Kritik an der Erfolgsfaktorenforschung. In: Zeitschrift für Betriebswirtschaft, 72 (2).
Handelsblatt (2012): Amazon macht DHL-Packstationen konkurrenz. [04.10.2012]. Unter:
http://www.handelsblatt.com/unternehmen/handel-konsumgueter/logistik-offensive-amazon-macht-dhl-packstationen-konkurrenz/7187186.html [19.10.2016]

Handelsblatt (2016a): Fahrdienstleister erleidet Niederlagen in Deutschland und Frankreich [09.06.2016]. Unter:
http://www.handelsblatt.com/unternehmen/dienstleister/uber-vor-gericht-fahrdienstleister-erleidet-niederlagen-in-deutschland-und-frankreich/13713256.html [30.11.2016]

Handelsblatt (2016): Google stürzt Apple vom Börsenthron. [13.05.2016]. Unter:
http://www.handelsblatt.com/finanzen/anlagestrategie/trends/alphabet-google-stuerzt-apple-vom-boersenthron/13593140.html [30.11.2016]

Heise Online (2015): Facebook: 1,39 Milliarden Nutzer. 2,72 Milliarden US-Dollar Ausgaben. [29.01.2016]. Unter: http://www.heise.de/newsticker/meldung/Facebook-1-39-Milliarden-Nutzer-2-72-Milliarden-US-Dollar-Ausgaben-2531471.html [30.11.2016]

Hoffmeister, Christian (2013): Digitale Geschäftsmodelle richtig einschätzen. München: Hanser.

Hofmann, Josephine / Meier, Andreas [Hrsg.] (2008): Webbasierte Geschäftsmodelle. [Business webs, Geschäftsmodelle im Web 2.0, Business collaboration, Reputationssysteme im eCommerce, Kundenintegration am Beispiel Second life, elektronische Shopsysteme, Internet der Dienste, Erlösmodelle für Weblog-Betreiber, webbasiertes blended learning] Aus der Reihe: HMD – Praxis der Wirtschaftsinformatiker Heidelberg: Dpunkt-Verlag.

Horst, Bruno / Söhnchen, Wolfgang[Hrsg.] (2004): Wertschöpf-ung und Supply Chain. Netzwerk – Innovation – Risiko. Aus der Reihe: Merseburger Schriften zur Unternehmensführung Aachen: Shaker.

investopedia (2015): Startup Analysis: How much is Dropbox worth?. [20.08.2015]. Unter: http://www.investopedia.com/articles/markets/082015/startup-analysis-how-much-dropbox-worth.asp [02.12.2016]

Irish Central (2016): Facebook building a $220 million new data center in Ireland. [27.01.2016]. Unter: http://www.irishcentral.com/business/Facebook-building-a-220-million-new-data-center-in-Ireland.html [02.12.2016]

Jacobsen, Jan (2016): Suchmaschinenmarktanteile weltweit 2016 [15.09.2016]. Unter: https://www.luna-park.de/blog/9907-suchmaschinen-marktanteile-weltweit-2014/ [15.09.2016]
Kapilendo (2016): Digital-Dinos sterben aus. Digitalisierung im Vertrieb. [19.05.2016] Unter: https://magazin.kapilendo.de/digital-dinos-sterben-aus-digitalisierung-im-vertrieb/ [19.11.2016]

Kaufmann, Timothy (2015): Geschäftsmodelle in Industrie 4.0 und dem Internet der Dinge. Der Weg vom Anspruch in die Wirklichkeit. Aus der Reihe: Essentials. Wiesbaden: Springer Fachmedien Wiesbaden GmbH.

Kitzman, Kerstin (2015): Digitalisierung: Neue Chancen im Marketing. In: NetPress [08.09.2015] Unter: https://blog.netpress.de/digitalisierung-neue-chancen-im-marketing [20.11.2016]

Klarmann, Martin (2008): Methodische Problemfelder der Erfolgsfaktorenforschung. Bestandsaufnahme und empirische Analysen. Aus der Reihe: Schriftenreihe des Instituts für Marktorientierte Unternehmensführung, Universität Mannheim. Wiesbaden: Betriebswirtschaftlicher Verlag Gabler.

Knoll, Matthias / Meier, Andreas [Hrsg.](2009): Web & Data Mining. Aus der Reihe: HMD – Praxis der Wirtschaftsinformatik. Heidelberg: dpunkt-Verl.

Kollmann, Tobias (2012): E-Business. Grundlagen elektronioscher Geschäftsprozesse in der Net Economy. 4., überarb. Und erw. Aufl. Wiesbaden: Betriebswirtschaftlicher Verlag Gabler.

Kofler, Gewinner (2016): Das Geschäftsmodell von Uber gibt Gas: [07.09.2016] Unter: http://digital.pwc.ch/de/blog-detail/das-geschaeftsmodell-von-uber-gibt-gas.html [10.10.2016]

Kraft, Oliver (2015): Digitalisierung – Was ist das eigentlich? [09.06.2015]. Unter: https://www.sologics.de/ecommerce-rules/ecommerce/digitalisierung-was-ist-das-eigentlich/ [11.10.2016].

Kreilkamp, Edgar (1987): Strategisches Management und Marketing: Markt- und Wettbewerbsanalyse, Strategische Früh-aufklärung, Portfoliomanagement. Berlin: de Gruyter

Krüger, Andrea (2014): Was Sie über Uber wissen müssen [02.07.2014]. Unter: http://www.srf.ch/news/wirtschaft/was-sie-ueber-uber-wissen-muessen [20.11.2016]

Li, Charlene / Bernoff, Josh (2009): Facebook, Youtube, Xing & Co. Gewinnen mit Social Technologies. München: Hanser

Magretta, Joan (2002): Why Business Models Matter. [05.2002] Unter: https://hbr.org/2002/05/why-business-models-matter [28.11.2016]

Manager Magazin (2014a): Google enttäuscht Anleger – Aktie fällt. [17.10.2014]. Unter: http://www.manager-magazin.de/unternehmen/it/wachstum-unter-erwartungen-google-enttaeuscht-anleger-aktie-faellt-a-997634.html [29.10.2016]

Manager Magazin (2014b): Speicherplatz zum Nulltarif – Dropbox muss sich neu erfinden. [22.01.2014]. Unter: http://www.manager-magazin.de/unternehmen/it/cloudspeicher-dropbox-und-box-kaempfen-um-firmenkunden-a-944802.html [29.10.2016]

Manager Magazin (2015): Amazon bläst zum Angriff auf DHL. [13.07.2015]. Unter: http://www.manager-magazin.de/unternehmen/handel/amazon-startet-logistik-offensive-a-1043389.html [29.10.2016]

Merz, Michael (2002): E-Commerce und E-Business. Markt-modelle, Anwendungen und Technologien. 2., aktualisierte und erw. Aufl. Heidelberg: dpunkt-Verlag.

Münchener Kreis (2014): Zukunftsstudie 2014: Digitalisierung. Achillesferse der deutschen Wirtschaft? Wege in die digitale Zukunft. Unter: http://www.tns-infratest.com/Wissensforum/Studien/pdf/Zukunftsstudie_MUENCHNER_KREIS_2014.pdf [22.09.2016]

Nagel, Kurt (1993): Die 6 Erfolgsfaktoren des Unternehmens: Strategie – Organisation – Mitarbeiter – Führungssystem – Informationssystem – Kundennähe. 5., überarb. Aufl. Lands-berg/Lech: Verl. Moderne Industrie.

Newcomer, Eric (2015): Uber Raises Funding at $62.5 Billion Valuation. [03.12.2015]. Unter: http://www.bloomberg.com/news/articles/2015-12-03/uber-raises-funding-at-62-5-valuation [30.11.2016]

Osterwalder, A. / Pigneur, Y. / Tucci, C. L. (2005): Clarifying Business Models: Origins, Present, and Future of the Concept, Communications of the Association for Information Systems (16:1).

Pabst, Volker (2014): Digitale Revolution auf Indiens Strassen [28.11.2014]. Unter: http://www.nzz.ch/wirtschaft/digitale-revolution-auf-indiens-strassen-1.18433833 [30.11.2016]

Pateli, A. G. / Giaglis, G. M. (2004): A Research Framework for Analysing eBusiness Models, European Journal of Information Systems (13:4).

Pauls, Andreas: Wie Industrie 4.0 die Fertigungsprozesse verändert. In: Computerwoche [20.01.2015] Unter: http://www.computerwoche.de/a/wie-industrie-4-0-die-fertigungsprozesse-veraendert,3092322 [03.08.2015]

Peters, T. J. / Waterman, R. H. (2000): Auf der Suche nach Spitzenleistungen: Was man von den bestgeführten US-

Unternehmen lernen kann. Heidelberg: Redline GmbH.
Porter: 2001 Porter, M. E.: Strategy and the Internet.
Harvard Business Review, 79 (2001) 3.

Porter, Michael E. (1999): Wettbewerbsstrategie. Methoden zur Analyse von Branchen und Konkurrenten. 10., durchges. und erw. Aufl. Frankfurt [u.a.]: Campus-Verlag.

Porter, Michael E. (2014): Wettbewerbsvorteile. Spitzenleistungen erreichen und behaupten. 5., durchges. Aufl. des Standardwerks. Frankfurt: Campus-Verlag

Rapp, Reinhold (2015): Dropbox – Es reicht einmal richtig Zu liegen. [22.07.2015]. Unter: http://www.reinholdrapp.com/dropbox-es-reicht-einmal-richtig-zu-liegen/ [10.12.2016]

Rasch, Michael (2015): Die Digitalisierung verändert Unternehmen weltweit und branchenübergreifend: http://www.pwc.de/de/digitale-transformation/die-digitalisierung-veraendert-unternehmen-weltweit-und-branchenuebergreifend.html [10.10.2016]

Renaissance (Hrsg.)(2000): World Class MVNO Best Practices: Participant Feedback, unveröffentlichte Studie der Renaissance Strategy, Boston

Röhle, Theo (2007): „Think of it first as an advertising system": Personalisierte Online-Suche als Datenlieferant des Marketings.
In: kommunikation@gesellschaft, Jg. 8, Beitrag 1. Online-Publikation:
http://www.soz.unifrankfurt.de/K.G/B1_2007_Roehle.pdf

Sampler, Jeffrey (1998) Redefining Industry Structure for the In-formation Age, in: Strategic Management Journal, Vol. 19, No. 4.

Scheer, Christian / Deelmann, Thomas / Loos, Peter (2003): Geschäftsmodelle und internetbasierte Geschäftsmodelle. Begriffsbestimmung und Teilnehmermodell. ISYM – Infortmation Systems & Management. Working papers of the Research Group Information Systems & Management, Universität Mainz Lehrstuhl für Wirtschaftsinformatik und BWL

Schmid, B. F. (2000): Was ist neu an der Digitalen Ökonomie?, in Belz, C. & Bieger, T. (Hrsg.): Dienstleistungskompetenz und innovative Geschäftsmodelle. St. Gallen: Thexis.

Schneider, D. / Gerbert, P. (1999): E-Shopping: Erfolgsstrategien im Electronic Commerce: Marken schaffen, Shops gestalten, Kunden binden. Wiesbaden: Springer Verlag.

Schröder et al. (2015): Bedeutung der Digitalisierung im Mittelstand. IfM-Materialien Nr. 244. [11.2015]. Unter: http://www.ifm-bonn.org/uploads/ tx_ifmstudies/IfM-Materialien-244_2015.pdf [10.10.2016].

Solomon, Brian (2016): Leaked: Uber's Financials Show Huge Growth, Even Bigger Losses [12.01.2016]. Unter: http://www.forbes.com/sites/briansolomon/ 2016/01/12/leaked-ubers-financials-show-huge-growth-even-bigger-losses/#52d00d295c99 [12.11.2016]

Specker, Prof. Dr. Tobias. Strategieentwicklung und Strategieimplementierung. Unter: https://www.akad.de/fileadmin/akad.de/assets/PDF/Lehr briefe/1_Studienbrief_MA_General_Management_UFU20 3.pdf [27.10.2012]

Spiegel (2012): Hier rechnet Google. [17.10.2012]. Unter: http://www.spiegel.de/netzwelt/web/bilder-aus-googles-datenzentren-a-861820.html [27.11.2012]

Stähler, Patrick (2002): Geschäftsmodelle in der digitalen Ökonomie. Merkmale, Strategien und Auswirkungen. 2. Aufl. Aus der Reihe: Electronic Commerce. Lohmar: Eul, J.

Stark, Birgit / Dörr, Dieter / Aufenanger. Stefan [Hrsg.] (2014): Die Googleisierung der Informationssuche. Suchmaschinen zwischen Nutzung und Regulierung. Aus der Reihe: Media Convergence / Medienkonvergenz. Berlin: De Gruyter.

Statista (2015a): Anzahl der Suchanfragen bei Google weltweit in den Jahren 2000 bis 2015 (in Milliarden). Unter:
https://de.statista.com/statistik/daten/studie/71769/umfrage/anzahl-der-google-suchanfragen-pro-jahr/ [05.12.2016]

Statista (2015b): Top 10 der beliebtesten Browesergames auf Facebook im April 2015 nach Anzahl der monatlichen aktiven Nutzer (in Millionen). Unter:
http://de.statista.com/statistik/daten/studie/221190/umfrage/taeglich-aktive-nutzer-der-beliebtesten-facebook-spiele/ [22.11.2016]

Statista (2015d): Anzahl der Mitarbeiter von Amazon weltweit in den Jahren von 2007 bis 2015. Unter:
http://de.statista.com/statistik/daten/studie/297593/umfrage/mitarbeiter-von-amazon-weltweit/ [24.11.2016]

Statista (2016a): Anteil der Internetnutzer in Deutschland in den Jahren 2001 bis 2016. Unter:
http://de.statista.com/statistik/daten/studie/13070/umfrage/entwicklung-der-internetnutzung-in-deutschland-seit-2001/ [25.10.2016]

Statista (2016b): Die Länder mit der größten Bevölkerung im Jahr 2016 (in Millionen Einwohner). Unter:
http://de.statista.com/statistik/daten/studie/1722/umfrage/bevoelkerungsreichste-laender-der-welt/ [02.12.2016]

Statista (2016c): Anzahl der Dropbox-Nutzer weltweit in ausgewählten Monaten von Januar 2010 bis Juli 2016 (in Millionen). Unter:
https://de.statista.com/statistik/daten/studie/326447/umf

rage/anzahl-der-weltweiten-dropbox-nutzer/ [02.12.2016]

Steinle, Claus / Kirschbaum, Jasmin / Kirschbaum, Volker. Erfolgreich überlegen: Erfolgsfaktoren und ihre Gestaltung in der Praxis. Frankfurt: FAZ

Sverdlik, Yevgeniy (2014): Google: From 112 Servers to a $5B-Plus Quarterly Data Center Bill. [23.07.2014]. Unter: http://www.datacenterknowledge.com/archives/ 2014/07/23/from-112-servers-to-5b-spent-on-google-data-centers-per-quarter/ [03.12.2016]

T3n digital pioniers (2015): Womit Google am meisten Umsatz macht – und wo das Geld hinfließt. [17.07.2015]. Unter: http://t3n.de/news/womit-google-meisten-umsatz-macht-624118/ [03.12.2016]

T3n digital pioniers (2016): Warum Amazons Rekordgewinne auf einen radikalen Strategiewechsel hindeuten [Analyse]. [29.07.2016]. Unter: http://t3n.de/news/amazons-rekordgewinne-radikalen-730345/ [07.12.2016]

TeacherNews (2012): "Broschüre-Auszug: Apple. Google. Facebook. Amazon" [26.07.2012]. Unter: http://www.teachersnews.net/artikel/nachrichten/internet/026917.php [29.10.2016]

Teece, D. J. (2010): Business models, business strategy and innovation, Long Range Planning 43(2-3).

The Motley Fool (2016): How does Dropbox Make Money. [07.06.2016]. Unter: http://www.fool.com/investing/2016/06/07/how-does-dropbox-make-money.aspx [27.11.2016]

Timmers, Paul (1998): Business Models for Electronic Markets, Electronic Markets – Internationak Journal of Electronic Commerce & Business Media, Vol. 8, Nr. 2.

Timmers, Paul (1999): Electronic Commerce – Strategies and Models for Business-to-Business Trading. Wiley.

Uber: Immer die passende Fahrt. Unter: https://www.uber.com/ride/ [24.11.2016].
W&V (2015): Dropbox wirbt erstmals mit einer Kampagne. [19.10.2015]. Unter: http://www.wuv.de/marketing/dropbox_wirbt_erstmals_mit_einer_kampagne [24.11.2016]

Wien ORF (2016): Uber vs. Taxi: Weiter Kampf um Kunden [18.03.2016]. Unter: http://wien.orf.at/news/stories/2763637/

Wired (2015): Amazon hat in 20 Jahren die Welt verändert, aber wie geht die Revolution weiter? [23.08.2015] Unter: https://www.wired.de/collection/latest/ausgabe-0915-ein-ruckblick-hinblick-auf-die-zukunft-des-versandhandels-amazon [23.11.2016]

Wirtschaftslexikon: PIMS Studie. Unter: http://www.wirtschaftslexikon24.com/d/pims-studie/pims-studie.htm [23.11.2016]

Wirtz, B. W. / Becker, D. R.: Geschäftsmodellansätze und Geschäftsmodellvarianten im Electronic Business. In: WiSt – Wirtschaftsstudium, Heft 2/2002.

Wirtz, Bernd W. (2010): Electronic Business. 3. Auflage. Wiesbaden: Gabler.

Wirtz, Bernd W. (2013): Electronic Business. 4. Auflage Wiesbaden: Gabler.

Zahner, M. / Hunziker, D. (2000): Electronic Commerce in der Schweiz 1999, Arbeitsbericht Nr. 123 des Instituts für Wirtschaftsinformatik an der Universität Bern, Griese, J (Hrsg.) Bern

ZDNet (2015): Dropbox stellt die Apps Mailbox und Carousel ein. [08.12.2015].
Unter: http://www.zdnet.de/88253998/dropbox-stellt-die-apps-mailbox-und-carousel-ein/ [08.12.2016]

Zimmermann, Lisa (2013): Erfolgsfaktoren der Geschäftsmodelle junger Unternehmen. Stuttgart: Kohlhammer.

Zollenkop, Michael (2006): Geschäftsmodellinnovation. Initiierung eines systematischen Innovationsmanagements für Geschäftsmodelle auf Basis lebenszyklusorientierter Frühau-fklärung. 1. Auflage aus der Reihe: Schriften zum Europäischen Management. Wiesbaden: Deutscher Universitätsverlag

Zott, C., Amit, R. / Massa, L. (2011): The Business Model: Recent Developments and Future Research, Journal of Management 37(4).

Über den Autor

Christopher Odenkirchen studierte Business Administration an der Hochschule Bonn-Rhein-Sieg. Es folgte ein Stipendium für einen Auslandsaufenthalt an der Murdoch University in Perth, Australien. Schon während des Studiums sammelte er fundiertes Wissen als freier Berater für mittelständische Unternehmensberatungen im Großraum Köln / Bonn. Parallel zu seiner Bachelorarbeit, entschloss er sich für einen weiteren Bachelorstudiengang mit Schwerpunkt Computer Science, ebenfalls an der Hochschule Bonn-Rhein-Sieg. Seitdem arbeitet er als freier Softwareentwickler und berät außerdem mittelständische Unternehmen bei Digitalisierungsprozessen.

www.ingramcontent.com/pod-product-compliance
Lightning Source LLC
Chambersburg PA
CBHW031539210526
45464CB00003B/1078